COLLECTIF

Retrouver l'harmonie en soi

LA SIMPLICITÉ DES DOUZE ÉTAPES

*Traduit de l'américain par
Pierre Caron et Nicole Hudon
de la Clinique La Survie*

Distributeurs exclusifs :

• Pour le Canada et les États-Unis :
Les Messageries ADP
955 rue Amherst
Montréal (Québec)
H2L 3K4
Tél. : (514) 523-1182
Fax : (514) 939-0406

• Pour la Belgique et le Luxembourg :
Vander S.A.
Avenue des Volontaires, 321
B-1150 Bruxelles
Tél. : (02) 762-9804
Télécopieur : (02) 762-0662

• Pour la suisse :
Transat S.A.
Route des Jeunes, 4 Ter
C.P. 125
1211 Genève 26
Tél. : (41-22) 342-77-40
Télécopieur : (41-22) 343-46-46

• Pour la France et les autres pays :
Quorum Magnard Diffusion
122 rue Marcel Hartmann
94200 Ivry sur Seine
Tél . : 49-59-50-50
Télécopieur : 46-71-05-06

Retrouver l'harmonie en soi

LA SIMPLICITÉ DES DOUZE ÉTAPES

© 1975, 1977, 1987, 1990 Hazelden Foundation
Publié originalement sous le titre de :
The Twelve Steps for Everyone

Version Française :
Les Éditions Modus Vivendi
C.P. 213, Dépôt Sainte-Dorothée
Laval (Québec) Canada
H7X 2T4

Illustration de la couverture :
© Diana Ong, *Flower Still Life*, © Superstock inc.

Infographie : Steve D. Perron

Dépôt légal : 3ième trimestre 1994
Bibliothèque Nationale du Québec
Bibliothèque Nationale du Canada

ISBN : 2-921556-08-1

NOTE: Afin de ne pas alourdir le texte, les traducteurs ont crû bon de n'utiliser que le genre masculin. Il est cependant bien clair pour ceux-ci que cette façon de procéder n'est que purement technique et que le genre féminin est et demeurera toujours présent à leur esprit tout au long de sa lecture.

Table des matières

Préface

Ce livre, comme le programme qu'il décrit, ne s'adresse pas à tous. Il est destiné à toute personne qui en a besoin, à celle qui le désire, à celle qui est disposée et qui fait l'effort (minime ou considérable) de le lire et de continuer de s'en accompagner — un jour à la fois.

Pour ceux qui déjà font partie d'un programme des douze étapes — peu importe lequel — la majeure partie de ce livre leur sera très familière. Pour les autres, qui n'en sont qu'à leurs débuts dans l'un des groupes de soutien basé sur les douze étapes, c'est peut-être exactement ce que vous recherchiez, et nous ne pouvons qu'espérer qu'il demeure un guide significatif pour la compréhension des étapes et pour ce qu'elles signifient pour au moins quelques-uns d'entre nous.

Si vous êtes l'une parmi les milliers de personnes qui n'ont jamais entendu parler des douze étapes ou encore d'un programme des douze étapes, votre réaction pourra varier de «Pourquoi n'ai-je jamais pris connaissance de cela ?» ou «Qui peut bien avoir besoin de cela ?» ou encore «Ce serait très bien pour mon mari, mon épouse, mon père, ma mère; je me demande bien à qui je pourrais le faire lire ?» Nous ne pouvons d'aucune façon connaître vos réactions, toutefois, nous espérons bien que sa lecture vous soit bénéfique.

Cependant, un tel livre ne peut être écrit par une seule personne. En effet, son contenu provient du témoignage de centaines d'individus participant à des programmes douze étapes. Ce sont leurs réflexions, leurs sensibilités, leurs réveils spirituels qui ont fabriqué ce livre, autant que ma propre participation ainsi que celle des membres de mon propre groupe de soutien. Pour leur précieuse contribution, nous les remercions et nous leur en sommes éternellement reconnaissants.

Les douze étapes en elles-mêmes sont bien sûr un cadeau, comme il le sera démontré plus loin au cours du texte — un cadeau qui n'a pas de prix, mais nous savons que ce n'est pas une obligation, puisqu'il a déjà été remboursé au centuple. À toutes ces personnes qui participent à un programme douze étapes où que ce soit, nous vous remercions du plus profond du coeur. Vous êtes ici avec nous, vous faites partie de ce livre, vous faites partie de nous et de nos vies.

Introduction

Ce livre est fondé sur le fait que chacun d'entre nous — qu'on le reconnaisse ou non — est composé de quatre parties importantes : le physique (notre corps), l'intellect (notre cerveau), l'affectivité (nos émotions) et le spirituel (notre centre, l'essentiel, notre énergie cosmique ou éthérique, notre âme, notre esprit). Dans l'hémisphère ouest, depuis plus d'un millénaire, nous avons orienté la majorité de notre attention envers le physique et l'intellect, et d'une façon comparable, très peu dans le domaine de l'affectivité et du spirituel. Depuis les trois cents dernières années, nous nous sommes tellement épris de la science et de la raison (produits de notre cerveau) que nous nous sommes tout à fait éloignés des autres composantes essentielles et spirituelles que sont la foi, l'inspiration et l'intuition. Dans notre recherche de la vérité, nous avons eu une tendance exagérée à n'accepter que la vérité scientifique — vérité qui peut être définie, mesurée, éprouvée — et de ce fait, à mettre de côté comme non valables ou encore indignes de notre attention, les grandes vérités que sont celles de l'âme, de la beauté, de la paix et de l'amour.

Dans notre quête de confort matériel, nous avons recherché et même glorifié le bien-être matériel, souvent au détriment de notre santé émotionnelle et spirituelle, ayant presque complètement perdu de vue le fait que la santé spirituelle est notre richesse. Et de fait, lorsque nous atteignons une meilleure santé spirituelle, nous avons besoin de moins de richesse matérielle; cependant, aussi étrange que cela puisse paraître, il semble qu'en pareil cas, nous pouvons toujours obtenir ce dont nous avons besoin matériellement.

Plusieurs d'entre nous se demandent nonchalamment ou désespérément, une fois qu'ils ont acquis tout le confort matériel souhaité et même plus encore : «Pourquoi notre vie est-elle si futile ?» «Pourquoi tous ces biens matériels ne nous satisfont-ils pas ?» «Qu'est-ce qui nous manque ?» «Pourquoi suis-je si volubile ou même si déplorable la plupart du temps ? D'autres se sont demandés, tout aussi désespérés : «Pourquoi avons-nous été si pauvres matériellement ?» «Pourquoi n'avons-nous pas eu autant de chance que les gens plus riches que nous ?» «Pourquoi n'avons-nous pas eu autant de veine que les autres ?» Les réponses à ce genre de questions sont souvent difficiles à trouver — spécialement si nous nous attendons à une réponse telle que : «Voilà ce que vous devez faire : un, deux, trois et vous serez en santé, heureux, rempli de plaisirs et toutes vos ambitions seront réalisées».

Pour la plupart d'entre nous, qui avons cherché des réponses pendant quelque temps à travers des activités intellectuelles ou physiques, à travers l'implication sociale, à travers la psychiatrie, à travers des groupes de rencontres et même la religion, nous avons réalisé qu'aucune de ces activités n'apporte de réponses — nous devons les chercher pour nous-mêmes et à l'intérieur de nous-mêmes — et afin de les trouver, nous ne devons pas nous soucier de les trouver ou non. Notre seul souci doit être de continuer à les chercher. Peut-être y en a-t-il qui peuvent nous montrer le chemin, cependant nous devons parcourir la route individuellement. Cela ne signifie aucunement que nous devons voyager seul, ni que nous devons voyager aux dépens des autres.

Principalement, ce qui fait que les réponses que nous cherchons, afin de remplir le vide qui nous habite, soient si difficiles à trouver pour la plupart d'entre nous, c'est que nous ne savons pas où les chercher. Puisque nous vivons dans une société axée sur le matériel et sur tout ce qui nous est extérieur, la plupart d'entre nous cherchons naturellement à l'extérieur de nous-mêmes — plus d'argent, plus de prestige, un meilleur emploi, un déménagement, une plus grosse résidence, une nouvelle automobile, une nouvelle robe, plus d'activités, aller au travail, aller à l'école, au collège, atteindre un plus haut degré de scolarité, des vacances, se relaxer, rencontrer de nouvelles personnes, se marier, divorcer, élever des enfants, avoir une relation extra-maritale, terminer une relation extra-maritale, et ainsi de suite sans arrêt.

Nous ne nous tournons pas seulement vers l'extérieur afin de remplir notre vide intérieur, mais aussi pour trouver les causes de nos problèmes. «Elle m'irrite telle-ment» au lieu de «Je me suis fâché»; «Il me fait agir comme un policier» au lieu de «J'ai peur de son com-portement si je ne le contrôle pas, ainsi, j'agis comme un policier parce que lorsque je le contrôle, j'ai moins peur» ou «Si ce n'était de toutes ces terribles personnes au tra-vail qui me stressent, je serais un homme plus heureux» au lieu de «Je suis angoissé par rapport à mon rendement au travail, aussi je me donne beaucoup de pression pour faire un travail super excellent et terminer le tout avant l'horaire prévu» ou «Si mon mari cessait de crier après moi (ou cessait de me battre) tout le temps, nous pour-rions avoir un mariage convenable ou encore «Si mes pa-rents s'étaient mieux occupés de moi et m'avaient réelle-ment aimé, je ne serais pas si névrosé».

De mille et une façons comme celles-ci, nous essayons de transférer la responsabilité de notre condition et celle de faire quelque chose pour qu'elle s'arrange sur les épaules des autres — souvent ceux qui sont nos plus proches : notre conjoint, nos parents, nos enfants, nos supérieurs au travail, nos employés, nos amis. Ils sont tous la cause de nos problèmes, par conséquent, c'est à eux de faire quelque chose pour tout arranger. Nous n'avons rien à faire personnellement pour changer la situation. C'est dans un tel climat que plusieurs d'entre nous semblent s'enliser, jusqu'au moment où nous commençons à réali-ser que d'une façon ou d'une autre, c'est notre propre atti-tude, qui, rendant les autres responsables de notre propre bien-être ou de nos problèmes, nous laisse pris dans cet engrenage. Bien entendu, nous ne pouvons changer une personne ou une situation même si nous essayons aus-si fort que nous le pouvons — parce que nous sommes impuissants devant celles-ci. Cependant, nous pouvons nous transformer nous-mêmes — transformer nos attitudes et souvent nos propres situations.

Ce n'est pas un travail facile et la plupart d'entre nous ne pouvons le faire seul. Nous avons besoin de l'aide des autres personnes qui, comme nous, cherchent à améliorer leur sort. Cependant, ils ne peuvent le faire pour nous. Nous devons faire le travail nécessaire avec leur soutien.

Nous pensons souvent qu'il faut rechercher l'aide de professionnels : psychiatres, psychologues, conseillers ou encore membres du clergé — et effectivement certains d'entre nous le font, mais plusieurs n'ont pas à dépenser de longues heures et beaucoup d'argent dans un bureau de professionnel.

Nous avons trouvé une façon de nous entraider pour grandir émotionnellement et spirituellement en nous aidant nous-mêmes à travers ce processus — une façon qui ne requiert pas d'assistance professionnelle parce que nous avons déjà à l'intérieur de nous tout ce dont nous avons besoin pour combler notre vide intérieur, pour résoudre nos problèmes, pour reconnaître notre valeur. Tout ce dont nous avons besoin pour utiliser nos forces intérieures, c'est d'un guide et d'une atmosphère propice. Le chemin que nous avons trouvé utilise les principes de base de la psychologie et de la psychiatrie autant que tous les principes fondamentaux des plus grandes religions, de l'Hindouisme et du Bouddhisme, au Judaïsme, à l'Islam, et à la Chrétienté. Ces principes de base sont si simples et si évidents, que nous n'avons pas besoin de l'aide de professionnels pour nous les interpréter. Ils sont simplement regroupés pour nous en douze simples étapes.

Notre méthode est tout à fait universelle; elle n'exclut personne. Tous sont les bienvenus, sans exception. Elle nous unit les uns aux autres dans l'harmonie avec nous-mêmes. C'est une méthode que chacun d'entre nous est libre d'intérioriser à sa façon et à son propre rythme. En fait, comme nous l'avons mentionné, elle est déjà présente à l'intérieur de nous. Tout ce dont nous avons besoin, c'est la détermination et la patience de regarder en nous pour la trouver, la conscientiser et la mettre en pratique dans notre vie quotidienne. C'est là le côté difficile : l'appliquer. Mais c'est seulement difficile si nous essayons de tout faire à la fois. Si nous nous accordons tout le temps dont nous disposons, cela devient de plus en plus facile.

Nous avons mentionné que notre méthode, le programme des Douze étapes ou le sentier des Douze étapes comme nous l'appelons nous-mêmes, est basée sur les majeurs principes religieux du monde entier — ainsi en est-il. N'importe qui ayant fait l'étude des diverses religions et ayant pris connaissance de nos Douze étapes peut immédiatement voir ces liens. Encore faut-il le répéter : le programme des Douze étapes n'est cependant pas une religion.

Quoique plusieurs membres du clergé, ainsi que d'autres personnes utilisant notre programme, maintiennent des relations harmonieuses avec les Églises et les ecclésiastiques de toutes confessions, le Programme lui-même n'a pas d'affiliation religieuse et n'est d'aucune façon «religieux» dans le sens de doctrine, dogme, code ou croyances. En fait, le programme des Douze étapes s'adresse aussi bien à l'athée qu'au croyant.

Toutefois, c'est sans aucun doute un programme qui nous aide à découvrir notre côté spirituel, à reconnaître son importance dans notre vie, en accord avec l'être spirituel que l'on retrouve en chacun de nous, peu importe comment on désire l'appeler. Nous réalisons alors que le vide, l'apathie, le désespoir que nous avons ressenti était causé par l'ignorance, le rejet et même la dépréciation de notre être spirituel. Sur le plan physique, ce serait l'équivalent d'essayer de vivre notre vie après avoir subi l'amputation de notre coeur. Étonnamment, il semble que, spirituellement, nous ayons fait face à de semblables difficultés.

La croissance spirituelle et émotionnelle n'est pas un voyage de milliers de jours ou de milliers d'années. C'est un voyage d'aujourd'hui et de toujours — mais seulement un à la fois. Ce livre ne peut être seulement qu'une petite étape du voyage. Nous espérons que votre voyage contiendra plusieurs petites étapes semblables — l'une après l'autre — et nous nous réjouissons à la pensée que nous voyagerons avec vous — même si nous voyageons chacun à notre propre allure et à notre propre façon. Nous vous souhaitons tout le courage nécessaire pour le plus excitant et le plus bénéfique voyage de votre vie.

Le sentier
des douze étapes

I l existe, hors des religions officielles, un sentier de croissance, une façon de vivre à notre portée si nous le voulons bien. Celui-ci peut nous mener, ainsi que toutes nos activités, vers une vie significative, entière et heureuse, avec un minimum de douleurs et de luttes. Ce sentier, souvent appelé Le Programme par ceux qui l'utilisent, peut nous soulager de notre souffrance, remplir notre vide, nous aider à trouver le petit quelque chose qui manque et à nous découvrir nous-mêmes ainsi que notre Dieu intérieur. Il peut aussi contribuer à relâcher d'immenses quantités d'amour, d'énergie et de joie emprisonnées à l'intérieur de nous-mêmes.

Ce Programme peut le faire et a déjà réalisé tout cela pour bon nombre de personnes, que ce soit en relation avec d'autres groupes de support émotif ou encore de façon indépendante. Il s'agit d'un Programme très flexible que l'on peut suivre à notre propre rythme et que nous pouvons interpréter à notre propre façon avec l'aide d'autres personnes, qui, comme nous, suivent le même Programme. Il s'agit d'un Programme de développement personnel et d'assistance mutuelle. Tout ce dont nous avons besoin, c'est d'être disposé à essayer ce Programme avec beaucoup d'ouverture d'esprit. De fait, si nous sommes disposés à l'essayer et le mettons en pratique, l'ouverture d'esprit se fera d'elle-même avec très peu d'effort conscient de notre part. La plupart du travail s'accomplira dans notre inconscient, et soudainement nous réaliserons de l'amélioration en nous-mêmes, dans notre conscience, dans notre sensibilité à nos propres besoins et à ceux des autres. Cela se traduira par notre habileté à aimer, à nous sentir plus libres et à faire de meilleurs choix. En gros, nous serons consciemment surpris de notre propre croissance spirituelle et émotionnelle.

En outre, ce Programme est très abordable (en comparaison à la psychiatrie ou au «counseling») puisqu'il est entièrement financé par les contributions volontaires des membres. Il est totalement gratuit pour ceux qui ne peuvent y contribuer. Il n'y a pas de cotisation, ni de frais d'entrée, ni de dossier sur ses membres. En réalité, ce peut être un Programme entièrement anonyme; personne n'a besoin de savoir que vous en faites partie sauf les gens qui assistent aux mêmes groupes de soutien que vous. De plus, vous ne faites partie d'aucune organisation dans le sens habituel; vous ne signez rien, ne prêtez aucun serment et ne prenez aucun engagement envers qui que ce soit. Bien que les gens engagés dans ce Programme tiennent régulièrement des groupes de soutien, il n'y a pas d'exigence à assister à un nombre spécifique de groupes de soutien à des heures précises. Ils s'en tiennent presque à tous les soirs de la semaine et il existe aussi des groupes de jour.

S'il n'en existe pas à un moment qui vous convienne dans votre région, il n'est pas très difficile d'en organiser un, bien qu'un peu de persévérance soit nécessaire. Un groupe de soutien peut rassembler de deux à deux cents participants selon le type. Ces groupes de soutien peuvent prendre le genre discussion, question et réponse, participation, étude ou encore témoignage. Habituellement, ceux du genre discussion et étude sont de plus petits groupes (dix à vingt-cinq participants) alors que les groupes-témoignages tendent à rassembler plus de participants. Les groupes de soutien sont animés par un membre du groupe à tour de rôle; ainsi chaque participant peut, s'il le désire, animer un groupe. Il n'existe aucune contrainte d'aucune sorte sur qui que ce soit à assister à des groupes de soutien, ou à mettre en pratique le Programme d'une façon particulière, pas plus qu'il n'existe de credo ou de dogme. Les membres procèdent à leur propre façon, et s'améliorent aussi rapidement qu'ils le peuvent ou aussi lentement qu'ils le désirent. Chaque personne, individuellement, décide de son propre rythme.

Ce Programme est ouvert à tous, sans tenir compte de la race, de la couleur, de la classe sociale, de l'âge, du sexe ou encore de la dénomination religieuse. Ce n'est pas un programme religieux, c'en est un spirituel. En fait, la religion n'est jamais abordée lors des groupes de soutien, cependant on discute beaucoup de la Puissance Supérieure puisque chacun des membres essaie d'en arriver à sa propre conception de celle-ci.

Cette description générale peut sembler quelquefois étrange à ceux qui ne sont pas familiers avec ce Programme. Il peut paraître encore plus étonnant qu'il puisse aider quelqu'un à se développer, puisqu'il est si librement articulé. Cependant, il *le peut* et il *l'a fait* en aidant des milliers de personnes (à ce jour probablement près d'un million) à travers le monde. L'expérience démontre qu'il fonctionne pour tous ceux qui le veulent bien, sans égard à la nature de leurs problèmes émotionnels ou spirituels. Petit à petit il est devenu un Programme de développement spirituel et émotionnel pour tous ceux qui désirent l'essayer et cultiver leur capacité d'être honnêtes envers eux-mêmes.

Le Programme dans son ensemble recommande douze étapes, douze traditions, quelques slogans pertinents, des prières éclectiques, des livres et des brochures, des listes de plusieurs groupes de soutien qui se rassemblent régulièrement pour s'entraider mutuellement, bon nombre de contacts téléphoniques, et une abondance d'authentique compassion, de compréhension, d'attention et d'amour dispersés librement partout à qui veut bien s'en prévaloir.

Les groupes de soutien auxquels les membres du Programme assistent hebdomadairement, ou plusieurs fois par semaine ils le désirent, sont incomparables. Ils ne sont pas comme les sessions de thérapie de groupe où les participants peuvent manifester leur hostilité les uns envers les autres. Ils ne sont pas comme les rencontres sociales ou administratives où un nombre interminable de points à l'ordre du jour sont discutés par un petit nombre de participants qui sont réellement intéressés ou impliqués.

Plutôt, il y a un minimum de conflits, d'hostilité, ou de luttes de pouvoir que l'on retrouve couramment dans ce genre d'organisation. Il y a beaucoup de support, d'intérêt et d'attention lorsque les participants racontent leurs propres histoires et s'identifient avec les expériences de chacun. Par dessus tout, on y rencontre beaucoup d'honnêteté envers nous-mêmes — en autant que nous avons été capables de nous rassembler autour d'un point en particulier. Plutôt que de nous cacher, comme la plupart d'entre nous l'avons fait dans bon nombre d'autres situations, nous sommes encouragés à nous dévoiler tels que nous sommes, du fait que les autres font de même aussi honnêtement qu'ils le peuvent. Si nous ne sommes pas encore prêts à dévoiler quoi que ce soit, nous n'avons pas à le faire. Il n'y a d'exigence que la nôtre. Nous apprenons rapidement que ceux qui peuvent essayer de nous forcer à nous dévoiler avant que nous ne soyons prêts, même si leurs intentions sont bonnes, se forcent eux-mêmes et probablement se trompent à propos de leur propre honnêteté — comme nous le faisons tous à certains moments.

Lors des groupes de soutien, nous trouvons que lorsque nous partageons honnêtement nos expériences, nous sommes beaucoup plus acceptés que rejetés ou ridiculisés par ce groupe, comme nous aurions pu le craindre. Au contraire des rencontres de groupes ou de thérapie, toutefois, les participants sont avides d'offrir leur aide non pas en donnant des conseils ou en s'immisçant dans la vie d'une autre personne, mais plutôt en partageant avec les autres comment, à travers les principes de ce Programme, ils font face à un problème semblable à celui qui est discuté.

Quels sont les principes de ce Programme ? Comment les apprenons-nous ? Et comment les mettons-nous en pratique ? Ces principes sont très élémentaires et très simples. Ce sont les principes de développement émotionnel et spirituel dont nous avons entendu parler (sans les écouter) toute notre vie. Nous ne nous sommes jamais sérieusement arrêtés pour prendre ces principes en considération, ou encore nous pensions que nous serions beaucoup mieux si nous vivions sans les appliquer. Ils nous rendraient la vie ennuyeuse et sans intérêt. Nous deviendrions embêtés et embêtants; nous n'aurions jamais de «plaisir». Non, nous ne pouvions et ne voulions même pas les considérer.

Lorsque nous commençons à réaliser l'importance de notre développement émotif personnel et commençons à réaliser que c'est seulement en nous concentrant sur notre propre croissance que nous pouvons avoir l'espoir de changer quoi que ce soit à l'extérieur de nous, c'est alors que nous avons la possibilité de jeter un nouveau regard sur ces vieux principes car leur application dans notre vie nous rendra sains d'esprit, sobres, sereins et joyeux. Cela nous rendra libres.

Ces principes, comme je les entrevoie à ce stade de mon propre développement, ne sont pas toute la vérité — loin de là. Ils en sont seulement une petite partie. Ma recherche pour plus de vérité sur la vie continuera à travers ma propre expérience, un jour à la fois, parce que c'est seulement en cherchant patiemment que je peux vivre pleinement et sereinement. Voilà ma propre compréhension de ces principes élémentaires de vie et du Programme, comme j'essaie de les vivre.

1. Si je veux vivre une vie remplie de paix, édifiante, libre et joyeuse, je dois m'engager dans une recherche intensive sur mon centre spirituel, parce que ce centre contient tout ce que je suis et tout ce qui me permet de croître. Lorsque je dirige ma recherche vers mon centre spirituel, je grandis émotionnellement et spirituellement.

2. Pour conduire cette recherche spirituelle sur moi-même et pour moi-même, j'ai besoin d'apprendre à ne plus vouloir contrôler qui que ce soit ou quoi que ce soit en dehors de moi-même et aussi plusieurs autres émotions à l'intérieur de moi-même.

3. Une Force plus grande que moi-même oriente ma vie, que je le reconnaisse ou non. Le plus tôt j'apprends à la reconnaître, à y avoir confiance, à utiliser cette Force pour m'aider dans ma recherche, plus facile et moins ardue sera ma recherche.

4. Je suis libre d'utiliser cette Force ou non, comme je le veux. Si j'oriente ma volonté contre cette Force Suprême, je souffre inutilement (non pas que cette Force me punisse ou rende les choses plus difficiles pour moi, mais parce que je me rends les choses difficiles pour moi-même en ne La laissant pas m'aider). Lorsque je chemine avec ma Force Suprême, ma vie se remplit de beauté et de sérénité. C'est entièrement mon choix.

5. De préférence avec l'aide de ma Force Suprême, petit à petit j'ai besoin de prendre conscience et d'accepter tout le travail intérieur et le contenu de mon être

émotionnel. J'ai besoin de devenir de plus en plus honnête avec moi-même en regard de mes attitudes passées et présentes, de mes sentiments, mes émotions, mes pensées, mes modèles de comportement et mes intentions.

6. J'ai besoin de devenir progressivement plus ouvert avec au moins une personne, mais plus d'une préférablement, à propos de toutes mes émotions et modèles émotionnels, à mesure que je les découvre.

7. Je dois progressivement m'accepter comme je suis — sans cachette, sans déguisement, sans fausseté et sans rejet d'aucune facette de moi-même — et sans jugement, sans condamnation ou dénigrement d'aucune facette de moi-même.

8. Mon harmonie intérieure est à la mesure de mes composantes émotionnelles et spirituelles, non pas à la mesure de ma pensée consciente. J'ai besoin de réaliser que je ne peux pas changer aussi rapidement que ma pensée le voudrait, mais que je peux et parviens à obtenir du changement à un degré délimité par ma propre harmonie intérieure (pas celle des autres) — en autant que je désire continuer ma démarche.

9. Si quelqu'un m'a causé du tort à quelque moment que ce soit dans le passé, je dois petit à petit parvenir à lui pardonner librement et entièrement. Le plus tôt je le ferai, le plus tôt je serai libéré des rancunes et des ressentiments qui me rongent continuellement de l'intérieur et empêchent ma croissance spirituelle. J'accomplis cette démarche en pardonnant à ces per-

sonnes et en implorant ma Force Supérieure de les
bénir, de veiller sur elles et de voir à ce que seulement
du bien leur arrive. Je peux réellement m'aider dans
cette démarche en accomplissant une bonne action
pour ces personnes, sans qu'elles (ou quelqu'un d'autre) ne le sachent.

10. Si j'ai causé du tort à qui que ce soit dans le passé (peu
importe comment je crois que cet acte était justifié), je
dois l'admettre d'une façon désintéressée et
éventuellement en faire amende honorable et/ou
effectuer un remboursement là où je le peux. Le plus
tôt je le ferai sincèrement et honnêtement, le plus tôt je
serai libéré de l'accumulation de culpabilité que je
transportais inconsciemment à travers toutes ces
années.

11. Ayant admis mes torts envers les autres et effectué un
remboursement, et ayant librement pardonné aux
autres les torts qu'ils m'ont causés ou que je crois
qu'ils m'ont causés, je peux et je dois en arriver à me
pardonner pour tous les torts que j'ai causés aux autres
et à moi-même. J'ai besoin d'apprendre à être bon
envers moi-même, à être gentil mais déterminé avec
moi-même, et, plus que tout, à être aussi patient et
compréhensif avec moi-même que j'essaie de l'être
avec les autres, et comme je souhaite qu'ils le seront
avec moi.

12. J'ai besoin de continuer à être honnête avec moi-même
au jour le jour, et éventuellement d'une façon instanta-
née. Lorsque je m'aperçois que j'ai tort, j'ai besoin
d'apprendre à l'admettre aussitôt que possible (peu

importe qui d'autre peut aussi être dans l'erreur, parce qu'il ne m'appartient pas de juger).

13. J'ai besoin de réaliser que ma pensée n'est seulement qu'une petite partie de moi-même, laquelle ne peut ni prédire lc futur ni planifier ma vie à mon meilleur avantage. Seulement ma Force Supérieure peut le faire, si je La laisse faire. Ainsi j'ai besoin de m'approcher de très près de ma Force Supérieure qui se trouve en partie à l'intérieur de moi. J'accomplis cela à travers des prières et des méditations quotidiennes ou plusieurs fois par jour, en demandant seulement de connaître la volonté de ma Force Supérieure à mon égard et puis d'apaiser mon esprit afin que je puisse entendre la réponse.

14. J'ai besoin de travailler avec ceux qui en ont besoin et qui me demandent de l'aide parce que c'est seulement en essayant d'aider les autres que je peux m'aider. C'est seulement en donnant gratuitement ce que je découvre et ce que je reçois que je peux le conserver et l'utiliser dans ma vie.

15. Comme je continue à cheminer avec ces principes et à me préoccuper patiemment, sans cesse et inlassablement des autres, un jour à la fois, ou une minute à la fois, je commence petit à petit à remplacer «le vouloir» par «le devoir» ou «le besoin de» pratiquer ces principes. Ils deviennent une partie enracinée de ma connaissance vu qu'ils étaient déjà présents dans mon inconscient ou dans ma conscience supérieure. Comme cette démarche évolue lentement, à mon propre rythme intérieur, j'en arrive à connaître une paix intérieure

croissante, amour et joie, sans égard aux événements extérieurs, qui semblent eux-mêmes s'améliorer continuellement.

Ces principes ne sont pas nouveaux, je ne les ai ni découverts ni inventés. Ces mêmes principes sous différents vocables se retrouvent dans les Écritures védiques de l'Hindouisme, dans les Huit sentiers du Boudhisme, dans la philosophie du Tao et dans l'Ancien et le Nouveau testament de la Bible. La plupart d'entre nous les connaissons depuis fort longtemps, mais avons désespéré ou dédaigné être capables de vivre selon ces principes. D'autres se sont convaincus, à travers leur propre illusion, qu'ils vivaient ces principes, et que tout irait bien si tous et chacun en faisait de même. D'autres encore qui ont été mis en contact avec ces principes, les ont rejetés, les croyant trop exigeants ou simplement inutiles. Probablement, un autre plus petit groupe n'a jamais été mis en contact avec ces principes élémentaires et en est encore à les découvrir.

De toute façon, que nous en soyons conscients ou non, ces principes guident notre vie chaque fois que nous les laissons nous guider inconsciemment ou chaque fois que notre seule volonté devient insuffisante pour affronter les difficultés de la vie. Pendant les quelques dernières années, un nombre de personnes blessées et en quête de recherche ont redécouvert ces principes fondamentaux à travers le Programme.

Santé Émotive Anonyme (SEA), l'une des fraternités qui pratique le Programme, a son bureau de service mondial à Rosemead, Californie. D'autres groupes de soutien se retrouvent sous le nom de Outremangeurs Anonymes, Émotifs Anonymes, Joueurs Anonymes, et bien entendu les Alcooliques Anonymes qui ont mis sur pied le Programme. Ces fraternités se proposent et idéalement conviennent d'aider les névrotiques comme nous ayant une multitude de complexes, de contraintes, d'obsessions, de manies, de dépressions, ou tout autre blocage dans leur croissance spirituelle et émotionnelle.

Incroyable mais vrai, les gens de ces fraternités découvrent que les mêmes principes s'appliquent à résoudre un large éventail de problèmes émotionnels. La raison de ceci, je crois, est que ce que nous considérons normalement comme «problèmes» sont en réalité les symptômes et non les causes, et que la plupart de ces problèmes émotionnels peuvent véritablement — au très profond de nous-mêmes — être attribués à la même cause fondamentale : un vide spirituel, un manque complet ou un rejet de la foi, spécifiquement dans un pouvoir plus grand que nous. Dans notre société moderne, sophistiquée, nous avons éliminé la foi comme une alternative viable à notre façon de vivre. C'est trop naïf, trop primitif, trop barbare, ou peut-être trop imprévisible. Ainsi nous avons créé à l'intérieur de nous un vide spirituel qui nous mène à une anxiété existentielle décrite par Tillich dans «The Courage to Be», et à une aliénation existentielle dont la plupart d'entre nous sommes affligés.

Les principes élémentaires que nous avons énumérés plus haut sont utilisés par les diverses fraternités sous la forme de douze simples étapes, lesquelles sont proposées comme un sentier de croissance spirituelle et émotionnelle. Quelques-unes de ces étapes ne sont pas faciles à comprendre et même plus difficiles à appliquer, cependant elles aident des milliers de personnes à vivre leur vie d'une façon plus paisible et plus heureuse, comme elles ne l'ont jamais vécue auparavant. Les groupes de soutien soutenus par la lecture de la littérature mise de l'avant par le Programme sont les principaux véhicules à travers lesquels les membres élargissent leur compréhension de ces étapes. Ils le font en racontant leurs expériences et difficultés personnelles par le biais des Douze étapes et des principes qu'ils ont intégrés dans tous les secteurs de leur vie quotidienne. L'idée qu'à travers le programme des Douze étapes nous pouvons réactiver ou éveiller notre foi, entamer un processus ambitieux de développement spirituel et émotionnel, et de ce fait reconquérir notre raison n'appartient plus à la fantaisie ou à l'imagination. Tout cela se vérifie en l'expérimentant personnellement, et en étant témoin de ses effets sur des centaines d'autres qui l'ont essayé et qui en vivent.

Deux mots en guise d'avertissement avant de passer à la description des Douze étapes. Le premier est à propos de Dieu. Nous avons mentionné que le développement spirituel n'exige pas que nous acceptions quelque concept traditionnel de Dieu; encore que le mot «Dieu» ou «Une Force plus grande que nous-mêmes» soient présents à l'intérieur de six des Douze étapes. Ici, nous devons faire la distinction entre Force plus grande que nous-mêmes — où Dieu est ce que chacun de nous individuellement comprend de cette Force — et la plupart des concepts traditionnels de Dieu. Le programme spirituel des Douze Étapes s'appuie sur le développement de notre foi, et éventuellement la confiance, en une Force plus grande que nous-mêmes, et cette Force réfère à Dieu dans les étapes. Toutefois, le mot «Dieu» est utilisé par convenance seulement, du fait que plusieurs personnes croient déjà à l'existence de Dieu lorsqu'elles arrivent au Programme. Ainsi, leur «Force plus grande qu'elles-mêmes» devient presque automatiquement Dieu. Même si elles utilisent le mot «Dieu», la plupart d'entre elles s'aperçoivent, après quelque temps dans le Programme, qu'elles changent leur concept-Dieu tout à fait radicalement pour l'accommoder à leur nouvelle compréhension d'elles-mêmes. C'est ce qu'on a voulu dire par la phrase «Tel que nous Le concevions». Le mot «nous» dans cette phrase signifie réellement «Je» parce que les membres de ce programme sont tout à fait libres de définir individuellement leur propre concept d'une Force plus grande qu'eux-mêmes pour convenir à leurs propres besoins. Pour la plupart d'entre nous, ce concept change considérablement à mesure que nous nous développons spirituellement, mais ce n'est pas un besoin. C'est entièrement une affaire individuelle.

Le Programme reçoit des membres de toutes les croyances religieuses qui ne retrouvent aucune compatibilité entre les principes du Programme et leur religion. Plusieurs nous informent que le Programme les a ramenés à leur église qu'ils avaient cessé de fréquenter à un certain moment de leur vie. Plusieurs membres du Programme ne pratiquent aucune religion officielle mais trouvent à développer leurs composantes spirituelles à travers la pratique du Programme lui-même. Tous sont bienvenus sans égard à leur foi ni à leur manque de foi.

Ni les agnostiques, ni les athées n'ont à craindre quoi que ce soit. Ils ne seront pas sollicités pour changer leurs croyances. Plusieurs d'entre nous, lorsque nous sommes arrivés, étions agnostiques; d'autres encore étaient athées. Au début, après quelque résistance, la plupart des agnostiques n'ont pas eu de difficulté à développer leur propre croyance dans une Force Supérieure qu'ils ont souvent appelée Dieu. Plusieurs athées firent de même, mais pas tous. Le Programme semble convenir aux deux : ceux qui ont cru, ceux qui n'ont pas cru. Quand des agnostiques ou des athées arrivent au Programme, ils utilisent souvent une conception entièrement différente de la Force Supérieure. Leur Force Supérieure peut être un arbre, une montagne ou un océan; ça peut être l'électricité, ou le groupe de soutien auxquels ils participent, ou le Programme dans son ensemble, dont les principes et les membres véhiculent la sagesse accumulée au cours des années. Le choix revient entièrement à chaque individu de trouver et d'utiliser la Force Supérieure qui lui convient le mieux.

Un second avertissement est que simplement lire les Douze étapes ou notre interprétation de celles-ci ne vous apportera pas beaucoup de développement spirituel, sinon aucun. Si lire à leur sujet développe votre intérêt ou stimule votre curiosité au point où vous désirez en découvrir plus à propos de ce Programme, alors notre interprétation aura atteint son but. D'une autre façon, si votre nouvelle connaissance intellectuelle devient une défense inconsciente contre le processus de votre développement spirituel (comme il arrive quelques fois pour certains d'entre nous), nous vous avons alors rendu un mauvais service. Nous pouvons seulement croire, pour notre bien et pour le vôtre, qu'un intérêt se développera et se poursuivra avec audace (ralenti par juste un peu d'inquiétude). Voici les

Douze étapes de Santé Émotive Anonyme (SEA). À la suite de l'énumération des Douze étapes se trouve un examen plus détaillé de chaque étape.

Les douze étapes

Les douze étapes

1. *Nous avons admis que nous étions impuissants face à nos émotions — que notre vie était devenue incontrôlable.*

2. *Nous en sommes venus à croire qu'une Force supérieure à nous-mêmes pouvait nous rendre la raison.*

3. *Nous avons décidé de confier notre volonté et notre vie aux soins de Dieu tel que nous Le concevions.*

4. *Nous avons fait un inventaire moral sans peur et approfondi de nous-mêmes.*

5. *Nous avons avoué à Dieu, à nous-mêmes et à un autre être humain la nature exacte de nos torts.*

6. *Nous avons pleinement consenti à ce que Dieu élimine tous ces défauts de caractère.*

7. *Nous lui avons humblement demandé de nous enlever nos déficiences.*

8. *Nous avons dressé une liste de toutes les personnes que nous avions lésées et avons résolu de leur faire amende honorable.*

9. *Nous avons directement fait amende honorable à ces personnes dans tous les cas où c'était possible sauf lorsque cela pouvait leur nuire ou faire tort à d'autres.*

10. *Nous avons poursuivi notre inventaire personnel et avons promptement admis nos torts dès que nous nous en sommes aperçu.*

11. *Nous avons cherché par la prière et la méditation à améliorer notre contact conscient avec Dieu tel que nous Le concevions, Le priant seulement pour connaître Sa volonté à notre égard et pour obtenir la force de l'exécuter.*

12. *Ayant connu un réveil spirituel comme résultat de ces étapes, nous avons alors essayé de transmettre ce message aux personnes malades émotivement et mentalement, et d'appliquer ces principes dans tous les domaines de notre vie.*

Première
étape

Première étape
Nous avons admis que nous étions impuissants face à
nos émotions — que notre vie était devenue incon-
trôlable.

À première vue, la Première étape apparaît être une
déclaration draconienne.

Quel névrosé normal comme nous voudrait admettre
qu'il est impuissant ou que sa vie est incontrôlable ? Nous
avons tous combattu pour garder notre tête au-dessus de
l'eau, pour contrôler, pour éviter d'être contrôlés par les
autres. Nous rivalisons, nous poussons, nous tirons, nous
gesticulons, nous revendiquons de l'attention pour
démontrer aux autres comment nous sommes forts. Nous
devons être le premier, le plus intelligent, le plus rapide, le
plus élégant ou le plus beau, le plus riche. Nous devons

avoir le meilleur emploi. Nous nous vantons, nous en mettons plein la vue et nous sommes fiers. Nous sommes fiers de notre maison, de notre ville, de notre pays, de notre région, de nos enfants, de nos connaissances. Nous sommes tout sauf impuissants! Au contraire, nous nous renforçons nous-mêmes dans l'illusion que nous faisons partie d'un pays singulier et puissant; comment pouvons-nous être impuissants ?

Mais la vérité est que la plupart d'entre nous ne parvenons pas à un tel Programme ou à lire cette sorte de livre à moins de réaliser que quelque chose ne va pas; quelque chose manque; quelque chose s'est détraqué. Nous passons à travers toutes les excuses du livre pour éviter de regarder où se situe le problème — à l'intérieur de nous. Mais néanmoins, nous continuons à chercher; nous continuons à essayer de nous débarrasser de ce sentiment que quelque chose ou que rien ne va plus, mais ça ne va pas. Peu importe où nous regardons, ce que nous faisons, ça empire. Ça peut être un serrement dans l'estomac, ou de constantes dépressions, des migraines, de la haute pression, des palpitations au coeur, de sévères et soudaines attaques d'anxiété ou des compulsions incontrôlables. Quoi que ça puisse être, lorsque tout s'écroule, nous sommes prêts pour la Première étape. Nous sommes prêts à admettre que nous sommes impuissants face à nos émotions — les émotions qui nous causent de la douleur, des contrariétés, de la colère, de l'agitation, du désespoir. Nous avons essayé tout ce que nous connaissions pour modifier ou pour supprimer ces émotions mais nous avons découvert que nous ne pouvions les contrôler par le seul pouvoir de notre volonté; nous ne pouvons les maîtriser en renforçant nos «egos». Nous pouvons autant que possible les supprimer temporairement, seulement pour les voir jaillir plus tard au dernier moment et encore plus dévastatrices pour nous et les autres. Nous n'avons pas d'autre choix que d'admettre que nous sommes impuissants; nous sommes dévorés par nos émotions; nous ne pouvons rien faire par nous-mêmes à leur sujet, qui soit efficace. Nous acceptons l'échec et indubitablement nous nous sentons humiliés.

Ainsi, ceci semble être la fin du chemin, c'est réellement la fin d'une phase de notre vie et le commencement d'une autre; la fin de la phase dans laquelle nous comptons sur notre ego et notre propre volonté, et le commencement de la phase dans laquelle petit à petit nous apprenons à compter sur notre Force Supérieure. L'un des nombreux paradoxes de ce Programme et de la vie elle-même est que lorsque nous atteignons finalement et passons à travers ce point de «lâcher-prise», nous gagnons; et nous savons que nous gagnons parce que nous ressentons une sensation immédiate de soulagement. Quoique nous ressentions profondément l'humiliation lors du «lâcher-prise», parce qu'il va à l'encontre de tout ce que notre ego a toujours appris, la douleur de l'humiliation est dissipée par la compréhension que la bataille est terminée. Nous n'avons pas besoin de nous battre plus longtemps. Nous avons abandonné et nous nous sentons bien — effrayés peut-être, mais bien — parce que le poids dont nos épaules sont déchargées est plus grand que la peur de «lâcher-prise» et que la douleur de poursuivre la bataille.

Plusieurs d'entre nous ont choisi de lâcher-prise lorsque nous devenons absolument convaincus que nous avons vraiment atteint la fin de nos ressources. Nous n'avons plus une seule goutte de «combat» en nous. Les seules alternatives que nous avons, mis à part le «lâcher-prise», sont de devenir totalement fou ou de mourir. À ce moment, notre choix n'est souvent pas conscient, mais il nous est dicté par notre Force Supérieure.

Mais nous n'avons pas tous à nous rendre dans de si profonds désespoirs avant d'admettre notre impuissance. Ceux d'entre nous qui possédons un seuil moins tolérant de douleur émotionnelle, ou qui sommes plus effrayés, pouvons souvent y voir le signe avant-coureur et abandonnons plus volontiers avant d'atteindre le «bas-fond» du désespoir absolu et de l'autodestruction. Ces vertigineux «bas-fonds» névrotiques peuvent même être abandonnés petit à petit, une petite partie à la fois, en édifiant la foi et la confiance à mesure qu'ils s'en vont. Même si la profondeur de notre «bas-fond» est unique pour chacun d'entre nous, le principe de «lâcher-prise» semble essentiel pour chacun, même pour ceux qui ne l'atteignent pas avant la mort, et même si leur mort est due à une cause naturelle ou à la vieillesse. Le fait est que pour ceux d'entre nous qui «lâchent prise» tôt dans leur vie, la vie devient satisfaisante plutôt que frustrante — une joie plutôt qu'un constant combat — parce que la profonde satisfaction de vivre en harmonie avec les forces cosmiques est beaucoup plus grande que le plaisir passager ou que l'émotion forte atteinte par tout combat que l'on puisse imaginer ou que l'on puisse présentement mener contre ces forces.

La seconde partie de la Première étape, «Que notre vie est devenue incontrôlable», est souvent aussi difficile pour nous à accepter et peut générer autant de résistance que la première. Après tout, nous nous justifions : «Nous avons encore un emploi, ou nous nous occupons de la maison, ou nous transportons les enfants à l'école le matin ou encore les mettons au lit le soir. Peu importe si nous avons des dépressions à tous les trois jours pendant deux jours, ou si nous nous saoûlons et cassons quelques assiettes ou encore si nous nous battons avec des amis ou avec des étrangers ?» Cependant l'un des slogans du Programme est : «C'est un Programme honnête». Et petit à petit, en écoutant les autres raconter leur histoire lors des groupes de soutien, et en s'identifiant aux sentiments auxquels nous sommes sensibles, nous commençons à comprendre la signification de ce slogan. Il signifie que si nous voulons nous améliorer, nous devons arrêter de nous justifier, de nous trouver des excuses, et admettre au moins que ces secteurs de notre vie sont vraiment incontrôlables : ce secteur où tous nos efforts pour arranger les choses, les rafistoler, les soutenir ou nous soutenir ensemble ne mène à rien; celui où nos bonnes intentions ou résolutions n'ont jamais été mises à exécution, ouvrant la route à la force invincible de notre obsession de névrosé, de drogué, à notre obsession du travail, de la nourriture ou de quoi que ce soit. Normalement, comme nous laissons tomber nos masques et devenons plus honnêtes avec nous-mêmes, nous voyons que notre vie est vraiment incontrôlable, du moins comparé à ce que nous aimerions qu'elle soit.

Même si la Première étape peut sembler un constat de désespoir, elle démontre simplement nos limites en tant qu'humain, limites que nous avons tenté si longtemps de cacher à notre propre conscience, et qui nous ont empêchés de résoudre tant de nos problèmes par nous-mêmes. C'est notre première étape vers l'humilité. Nous avons besoin de trouver le conseil spirituel qui ouvrira de nouvelles dimensions dans notre vie. Si nous désirons être débarrassés de nos problèmes, nous devons premièrement admettre que nous ne pouvons leur faire face seuls.

Deuxième étape

Deuxième Étape
Nous en sommes venus à croire qu'une Force supérieure
à nous-mêmes pouvait nous rendre la raison.

Les nouveaux arrivants au Programme rencontrent souvent deux grandes difficultés dans cette étape. La première est de croire en une Force Supérieure, comme nous l'avons déjà noté; la seconde est d'admettre leur aliénation mentale. Lorsque nous rencontrons pour la première fois ces Étapes, plusieurs d'entre nous, consciemment ou inconsciemment, en sommes arrivés très loin de quoi que ce soit de spirituel. Plusieurs d'entre nous n'aiment même pas entendre le mot «spirituel»; d'autres ne comprennent pas sa signification. Pour une raison ou pour une autre — avoir trop d'activités, accorder beaucoup trop d'attention aux tâches quotidiennes ou aux adversités, donner beaucoup trop d'importance aux considérations matérielles —

nous avons mis la spiritualité hors de notre vie ou du moins de notre conscience. Peut-être avons-nous trop prié sans obtenir de réponse; peut-être nous sommes-nous sentis indignes de capter l'attention de notre Force Supérieure; ou peut-être nous sommes-nous éloignés de la dépendance à quelque chose ou à quelqu'un parce que nous sentions que nous devions tout faire nous-mêmes — nous étions trop apeurés ou trop fâchés pour avoir confiance. Quelle que soit la raison, nous avons été déçus de Dieu et nous l'avons abandonné comme nous avons souvent senti son abandon.

Même ceux d'entre nous qui avons continué à pratiquer une religion au cours des années et à assister à des services religieux régulièrement, avons été moins que satisfaits des résultats. D'une certaine façon, les sermons des membres du clergé, souvent apaisants lorsque nous étions à l'église ou au temple, étaient vite oubliés ou devenaient sans signification dans le tourbillon des activités quotidiennes ou dans le désespoir improductif d'une profonde dépression. Nous avons très peu réalisé que nous placions simplement notre volonté entre nous-mêmes et notre Force Supérieure; que nous en étions venus à compter sur notre propre volonté parce que c'était la seule que nous avions. Personne ne pouvait nous l'enlever. En comptant seulement sur notre volonté, nous n'avions pas à faire confiance à qui que ce soit. Ceci nous convenait parfaitement parce nous en étions venus à avoir peur de faire confiance.

Mais les milliers qui ont essayé ce Programme ont réussi, une fois qu'ils eurent réellement abandonné à la Première étape, à trouver ou redécouvrir une Force

Supérieure de leur propre conception. Peut-être ont-ils été aidés par le fait que personne dans le Programme ne leur a dit en quel Dieu ils devaient croire.

Bien au contraire, ils n'ont entendu que d'innombrables suggestions afin de trouver leur propre Dieu.

Pour les agnostiques et les athées, même cela est de trop. Pour eux, il semble que les membres du groupe suggèrent qu'ils conçoivent quelque pouvoir que ce soit, aussi longtemps qu'il soit plus grand qu'eux-mêmes. Au départ, comme nous l'avons dit, cette force peut être n'importe quoi du groupe de soutien au Programme lui-même, ses principes ou même une ampoule électrique.

Étonnamment, des milliers ont découvert que tout ce que cela exigeait pour «arriver à croire» était de participer à des groupes de soutien, d'être prêt à le faire, et de garder un esprit ouvert. Si ces conditions sont rencontrées, le reste vient naturellement, sans avoir à utiliser notre volonté ou notre cerveau conscient. Notre inconscient est au travail tout le temps — même dans notre sommeil. Si nous sommes prêts à mettre de côté les barrières de notre croyance, notre inconscient, qui pour plusieurs d'entre nous est la maison de Dieu, fera le nécessaire et nous en viendrons éventuellement «à croire». Plusieurs d'entre nous qui veulent faire un plus grand effort conscient commencent à voir les événements chanceux ou les coïncidences comme des miracles ou des cadeaux de notre Force Supérieure, quelle que soit cette Force. Nous pouvons nous sentir stupides de faire cela au début, mais nous découvrons qu'à chaque fois que nous le faisons, notre foi se trouve quelque peu fortifiée, jusqu'à ce que nous en venions vraiment à croire. Il est surprenant pour la plupart d'entre nous de constater que nous avons besoin de peu de pratique avant de ne plus nous sentir stupides, et comment la vie devient facile une fois que l'on développe un tout petit peu de foi.

Le second accroc dans cette Étape, «nous rendre la raison», implique que plusieurs d'entre nous n'aimons pas faire face à la réalité que nous sommes aliénés. Cette Étape ne dit pas exactement cela, mais fait une forte référence au fait que nous sommes atteints par une certaine forme d'aliénation; que nous nous comportons d'une façon démente dans plusieurs secteurs de notre vie; que de plusieurs façons nous menons une existence aliénante. En gros, cette étape implique que nous sommes, sinon émotionnellement aliénés, du moins existentiellement aliénés — et c'est souvent difficile d'en faire la différence.

Nous avons seulement besoin de nous regarder honnêtement nous-mêmes pour trouver une multitude d'exemples de notre aliénation — non pas l'aliénation d'une autre personne mais la nôtre, notre propre aliénation. C'est ce à quoi nous devons faire face si nous désirons changer. C'est relativement facile pour les alcooliques ou les outremangeurs ou les drogués ou les joueurs de découvrir leurs formes d'aliénation parce qu'ils ont des dépendances, lesquelles mènent à un comportement qui est visible et «accepté» comme aliénant. L'alcoolique devient de plus en plus aveuglé, trébuchant, et se débarrasse strictement de tout ce qu'il aime et dont il tire son confort. L'outremangeur devient excessivement et visiblement gros contre tout conseil des médecins, et se retrouve souvent avec des problèmes de coeur ou de reins ou un diabète, tous empirés par un surplus de poids. Quant au joueur, il perd tout ce qu'il possède.

Mais c'est beaucoup plus difficile pour certains d'entre nous, tourmentés par un comportement aliénant non visible, d'admettre notre aliénation. Il est beaucoup plus facile pour nous, névrosés «normaux», de nous tromper sur nous-mêmes. Encore une fois, une façon de passer à travers notre propre déception est de participer à autant de groupes de soutien que nous pouvons pour écouter l'histoire des autres. Tôt ou tard, nous entendrons quelqu'un d'autre exprimer qu'il fait quelque chose d'aliénant, que nous réalisons que nous faisons aussi, et lentement nous en viendrons à saisir que quoi que nous fassions ou pensions qui est destructeur pour nous-mêmes ou pour quelqu'un d'autre est aliénant. Vus sous cet angle, l'anxiété est aliénante, la peur imaginaire est aliénante, les dépressions sont aliénantes, tout autant que les compulsions et obsessions de toutes sortes, la tentative de contrôler quelque chose ou quelqu'un, ainsi que n'importe quelle sorte ou degré de pensée négative.

Tous les deux, l'admission de l'aliénation et le commencement d'une croyance en une Force Supérieure, nécessitent un ingrédient essentiel : l'humilité. Autant avons-nous besoin d'humiliation pour abandonner à la Première étape, autant l'humilité est-elle requise à la Deuxième étape pour croire qu'une Force Supérieure puisse nous aider. En fait, l'humilité est un terme récurrent du Programme. En majeure partie, c'est notre manque d'humilité qui nous a menés à la position aliénante dans laquelle nous nous trouvons; et cela en soi devrait nous aider à essayer une autre voie — celle de devenir humble. Mais comme chaque partie de ce Programme, c'est beaucoup plus facile à dire qu'à faire. Cependant une des raisons pour lesquelles il est important de participer à plusieurs groupes de soutien, spécialement en tant que nouveau venu, est de découvrir les barrières de l'humilité en nous-mêmes. Nous faisons cela en écoutant les autres qui ont eu de semblables barrières et en entendant comment celles-ci furent ouvertes pour et par eux. On le fait aussi en étant témoin de la chaleur, de la sérénité et de la joie qui arrivent à ceux qui acceptent et qui vivent ce Programme. En s'associant avec de telles personnes aux groupes de soutien, plusieurs de leurs attitudes positives et un peu de leur humilité finalement nous effleurent, ou nous pénètrent. Elles sont aussi contagieuses — autant que l'ont été nos attitudes négatives de tristesse et de pessimisme acquises antérieurement.

La Deuxième étape est souvent appelée l'Étape de l'Espoir. Alors qu'à la Première étape nous nous sentons désespérés, dévorés, battus lorsque nous abandonnons, la Deuxième étape nous donne un nouvel espoir lorsque nous commençons à voir qu'il y a de l'aide disponible, si nous en venons seulement «à croire». Il y a une Force plus grande que nous-mêmes que nous pouvons apprendre à utiliser pour solutionner tous les problèmes que nous n'avons pas été capables de régler par nous-mêmes. Nous n'avons plus besoin de lutter seuls. Nous pouvons apprendre à construire notre foi dans cette Force, comme d'autres l'ont fait avant nous. Nous pouvons apprendre à nous représenter cette Force de n'importe quelle façon qui nous soit confortable : un Père, un Ami, un Partenaire; infiniment aimable, aidant, compréhensif, puissant, bienveillant; constamment près de nous et prêt à nous aider lorsque nous le lui demandons. Avec un Ami comme cela, comment ne pas commencer à sentir au moins une faible lueur d'espoir ?

Troisième étape

Troisième étape
Nous avons décidé de confier notre volonté et notre vie
aux soins de Dieu tel que nous Le concevions.

À première vue, cette Étape semble même exiger plus de nous que le firent les deux premières. Aussitôt avons-nous admis que nous étions impuissants et en sommes-nous arrivés à croire qu'une force plus grande que nous-mêmes peut nous rendre la raison, qu'il nous est demandé de nous confier totalement à cette Force dans un total abandon. C'est beaucoup trop ! À ce point, il est bon de se rappeler que chacun avance dans ce Programme à son propre rythme et de sa propre façon; que rien ne nous force à avaler quoi que ce soit, ce ne sont que des suggestions. Si nous sentons de la pression, nous allons trop vite. Nous avons besoin de ralentir et de nous donner tout le temps dont nous avons besoin afin de devenir prêts à cheminer. Si nous essayons de cheminer avant d'être prêt (la plupart d'entre nous le faisons, étant partiellement le produit d'une société impatiente), nous aurons à reculer plus tard encore et encore (la plupart d'entre nous faisons cela aussi). Il est aussi bon de se rappeler que nous n'avons pas besoin de digérer aucune étape d'un seul coup. De cette façon, nous pouvons essayer, expérimenter un petit peu à la fois à notre propre rythme. La chose importante est de continuer à essayer et d'être déterminé, et ça viendra.

Notre expérience nous dit que plus nous sommes déterminés (ainsi, le moins provoquant ou agressif ou têtu, ou même passivement tenace) plus rapidement le Programme «viendra vers nous», plus rapidement nous comprendrons sa signification et serons en mesure de le vivre. Mais ce n'est pas vrai que plus nous essayons avec persistance, le plus rapidement ça viendra. Nous devons toujours continuer à essayer, mais doucement. Si nous essayons consciemment avec trop d'insistance, nous deviendrons trop impatients, et freinerons notre propre cheminement avec frustration, irritation, et peut-être même du ressentiment et de l'apitoiement. Peut-être les paroles d'Emerson éclaircissent-elles le mieux cette idée : «Il y a un tracé pour chacun d'entre nous, et *en écoutant humblement* (nous ajoutons l'italique), nous devrions entendre le mot juste. Il y a certainement quelque chose de bon pour vous dont vous n'avez pas à faire le choix. Placez-vous au milieu de la force et de la sagesse du courant qui coule en vous-mêmes. Puis, sans effort, vous êtes envahis par la vérité et par un bonheur parfait.»

Pour plusieurs d'entre nous, l'idée maîtresse de la Troisième étape est la mieux exprimée par un slogan important du Programme : «Lâcher prise et s'en remettre à Dieu». «Lâcher prise» ou comme il est déclaré dans l'ancienne philosophie chinoise du Tao, «Être» est une partie essentielle de ce Programme, mais encore, comme tout le reste, cela nous est seulement suggéré. Cette idée de lâcher prise peut nous aider grandement à passer à travers cette Troisième étape, parce qu'en effet, ce qu'il nous est demandé de faire, c'est de nous laisser aller dans les bras de notre Force Supérieure. Plutôt que d'utiliser notre volonté, essayons de trouver quelle est Sa volonté à notre égard; et plutôt que d'essayer de contrôler notre propre vie, laissons Dieu la guider.

Laisser notre Force Supérieure guider notre vie devient un peu plus facile lorsque nous admettons que nous n'avons réellement pas accompli un travail remarquable dans ce sens jusqu'à maintenant. Mais ceci n'est pas assez. Nous avons besoin de vérifier à nouveau à quel Dieu nous avons décidé de croire; parce que si nous avons abandonné notre volonté et notre vie aux soins de Dieu, Il doit être un Dieu à qui nous pouvons faire confiance. Pour plusieurs d'entre nous qui ont entrepris cette étape, Dieu, comme nous Le concevons, est simplement ceci — infiniment aimable, bon, et préoccupé par notre bien-être, non pas en s'immisçant dans notre vie, ou en nous jugeant ou en nous condamnant lorsque nous errons; non plus qu'Il nous dise quoi faire à moins que nous ne le demandions et soyons prêts à écouter les réponses. Et même à cela, ce ne sont que des conseils mesurés, ni des ordres ni des commandements. De plus, Il ne nous réprimande ni ne nous punit si nous ne suivons pas ses conseils; Il attend simplement que nous lui redemandions à nouveau, parce que Dieu, tel que nous Le concevons, possède une patience sans limite, un amour sans limite, une compréhension sans limite et une compassion sans limite. Il nous a donné une libre volonté, ainsi Il ne s'imposera jamais à personne. Il n'a pas de préférés, ni de favoris; nous devons Le choisir, non pas l'inverse. Son aide est toujours disponible à ceux qui le veulent, jour et nuit, n'importe où dans le monde et dans l'univers. Dieu, tel que nous Le concevons, ne s'attend pas à ce que nous fassions quoi que ce soit pour Lui, parce qu'Il donne sans limite en n'attendant rien en retour. Il ne s'attend pas à ce que nous priions ou fréquentions l'église ou le temple, ou que nous bâtissions d'immenses édifices en son nom ou que nous nous engagions dans quelque sorte de rite, de rituel ou de culte que ce soit. Nous n'avons pas à prier d'une façon spéciale. Dieu comprend tous les langages de mots, de pensées, d'actions, mais spécialement le langage du coeur.

Pour ceux d'entre nous qui Le considérons comme notre Père, nous sommes tous ses enfants. Il n'aimerait rien de mieux, croyons-nous, que de nous aimer et que nous nous aimions nous-mêmes, que nous nous aimions les uns les autres, et que nous nous comportions joyeusement les uns envers les autres, mais Il réalise que nous devons le faire pour nous-mêmes. Il sait que nous pouvons le faire sans Son aide, parce qu'Il sait tout, mais Il ne nous donnera jamais son aide à moins que nous ne la lui demandions. Déjà que Son aide est toujours là si nous la voulons, et sommes prêts à la recevoir.

Pour ceux d'entre nous qui croyons que Dieu est en chacun de nous et dans chaque être vivant et non-vivant dans l'univers, incluant notre propre coeur, ou nos intestins, ou notre tête, Il se manifeste lorsque nous recherchons Ses conseils à travers la méditation fréquente. Dans l'orient, plusieurs personnes la pratiquent et L'ont approché de plus près que n'importe qui sur terre que nous connaissons. Mais nous dans l'occident L'avons ignoré, remis en question, ou rejeté. Même cela ne peut «blesser Ses sentiments», parce qu'Il pardonne sans limite et qu'Il nous est disponible n'importe quand lorsque nous Le demandons, sans égard à la façon dont nous nous sommes comportés dans le passé. Il est disponible pour les gens qui ont été voleurs, violeurs et meurtriers comme Il l'est pour ceux qui ont été des citoyens respectueux des lois. Il ne nous laissera jamais tomber si nous confions totalement notre volonté et notre vie à ses soins. La responsabilité d'être en contact et en communication avec Dieu n'est pas la sienne; elle nous appartient. Dieu ne nous rejette pas, nous Le rejetons. Même ceux d'entre nous qui ont l'impression qu'Il les a rejetés, ne l'étaient pas. Nous ressentions que nous l'étions, seulement parce que nous Lui avons demandé de combler nos souhaits et nos désirs et d'accomplir notre volonté, plutôt que de Lui confier notre volonté et de chercher à connaître Sa volonté à notre égard comme la Troisième étape le suggère.

Ceci commence à nous décrire, quoique partiellement et inadéquatement, le Dieu que plusieurs d'entre nous avons découvert dans ce Programme. Nous ne pouvons, bien entendu, jamais connaître ou décrire complètement Dieu, puisque Dieu est infini et que nous sommes limités. Son amour et Sa force sont plus grands que nous ne pouvons possiblement l'imaginer, et pour certains d'entre nous le fait que ce soit si grand, et encore jamais démontré, est vraiment difficile à comprendre. Bien que la présente description soit la mienne telle que je l'ai sélectionnée et mise sur papier, ces éléments sont loin d'être inédits. Si cela ressemble vaguement au Dieu du Christianisme, de l'Hindouïsme ou du Tao, c'est seulement parce que le temps ne peut jamais modifier des vérités fondamentales; seulement les gens le peuvent. Ma Force Supérieure est une combinaison des aspects positifs des écritures saintes de l'orient et de l'occident et de descriptions partielles entendues aux groupes de soutien du Programme.

Plusieurs d'entre nous avons aussi découvert que notre Dieu était disposé à nous accorder tout ce que nous désirions vraiment, que nous le demandions spécifiquement ou non, à deux conditions : (1) que ce que nous désirions était réellement à notre meilleur avantage, et (2) que nous étions prêts et disposés à l'accepter. Dans le passé, nous avons souvent désiré et demandé des choses qui n'étaient pas à notre meilleur avantage, même si nous ne réalisions pas cela à ce moment. Même alors, Dieu nous a souvent accordé ces souhaits afin que nous puissions apprendre par nous-mêmes que nous ne savons pas toujours — et pour quelques-uns d'entre nous très rarement — ce qui est dans notre meilleur intérêt. Il en est ainsi parce que nous manquons de développement spirituel et émotionnel. Il existe un dicton dans le Programme : «Fais attention à ce que tu demandes et tu pourras l'obtenir !» Quelle vérité pour plusieurs d'entre nous. Lorsque nous obtenons ce que nous demandons, nous trouvons souvent que ce n'était pas ce que nous voulions après tout.

Ainsi, petit à petit, comme nous confions de plus en plus notre volonté et notre vie à notre Force Supérieure, nous commençons à réaliser que l'on prenait très bien soin de nous. Ceci ne signifiait pas que nous devions nous abandonner à Dieu en souhaitant qu'Il fasse tout le travail pour nous. Nous avons appris que nous devions faire encore quelque «travail de base». Nous avions besoin de découvrir la volonté de Dieu à notre égard, et alors d'utiliser notre volonté pour démarrer et accomplir les actions nécessaires pour rencontrer Sa volonté. La réalisation de la volonté de Dieu, du travail de base, était encore de notre ressort. Il était devenu notre Directeur, et nous les exécutants. Nous avons réalisé que lorsque nous essayons de notre mieux de rendre notre volonté conforme à celle de notre Force Supérieure, nous commençons à l'utiliser de la bonne façon. Au lieu de nous attaquer à nos problèmes avec tout le pouvoir de notre volonté entre nos mains, comme nous le faisions auparavant, maintenant nous essayons d'utiliser les Étapes et le Programme pour nous aider à aligner notre volonté sur les intentions de notre Force Supérieure, sur une base quotidienne et éventuellement régulière.

Ceux d'entre nous qui avons peur de confier notre volonté et notre vie à notre Force Supérieure, signifiant que nous deviendrons dépendants de la Force, et par conséquent faibles ou lâches, feraient mieux de jeter un second regard sur la dépendance. C'est sûr qu'une dépendance prolongée sous le joug de quelque force humaine nous amènera éventuellement à être complètement sous le contrôle de cet individu, et de cette façon nous asservira et nous affaiblira. Cependant, la dépendance envers une Force Supérieure qui est sans limite, peut être exploitée aussi souvent que l'on en sent le besoin; elle ne s'impose pas à nous d'elle-même, et peut seulement nous rendre plus forts. Mais en utilisant cette Force, nous nous surpassons. Le Dieu que nous avons trouvé ne veut pas que nous soyons pauvres, un misérable petit mouton errant sans trop savoir que faire ou passant son temps à se morfondre et se sentant comme un esclave. Il semble vouloir que nous soyons forts, ingénieux, compétents et créatifs, et est disposé à nous donner autant de Son intarissable force que nous en avons besoin pour accomplir Sa volonté. La dépendance à une plus grande Force qui ne s'épuise jamais n'est pas de l'esclavage; c'est la liberté à travers le dépassement de nos limites humaines. Plus nous devenons dépendants de notre Force Supérieure, plus nous devenons indépendants. Quoiqu'il s'agissse d'un autre paradoxe, la dépendance telle que nous la pratiquons dans le Programme est réellement une manière de conquérir la vraie indépendance spirituelle que nous semblons tous rechercher.

Un point de plus sur la Troisième étape. Plusieurs d'entre nous regardons notre monde et nous disons «Comment peut-il y avoir un Dieu tel que vous le décrivez — infiniment bon, intéressé et aimant, avec tous les meutres, la faim, la violence, et toutes les autres formes de cruauté qui existent ? S'il y avait réellement un tel Dieu, ne mettrait-il pas fin à tout cela ?» De telles questions, nous semble-t-il, sont formulées dans un mauvais contexte. La question ne prend pas en considération la nature de la Force que nous avons décrite. Ceci implique que Dieu est contrôlant, intervenant et dirigeant avec une main de fer sur tout ce qui se passe dans l'univers. Nous ne croyons pas qu'il en soit ainsi; en fait c'est tout à fait à l'opposé.

La force de Dieu n'est pas contrôlante; elle est soutenante. Elle n'est pas intervenante; elle met en valeur la liberté humaine. Elle n'est jamais employée de manière réprimante; ainsi elle ne s'oppose jamais à la libre volonté des êtres humains. La situation est que lorsque nous ne sommes pas prêts à faire la volonté de Dieu mais plutôt la nôtre, nous sommes entièrement libres de le faire. Dieu ne s'imposera pas, ainsi nous sommes laissés à nous-mêmes; nous devons nous fier à notre propre force, qui, quoique forte par moments (e.g., bombes nucléaires), est chétive comparée à celle de Dieu. De plus, nous semblons rarement savoir où est notre meilleur intérêt; ainsi nous abusons de notre force ce qui résulte en tuerie, souffrance et misère.

Mais lorsque nous devenons prêts à faire la volonté de Dieu, lui demandant humblement de savoir ce qu'elle est, et étant disponible de l'accomplir, alors nous recevons toute la force illimitée de Dieu dont nous avons besoin pour accomplir nos tâches. Dieu ne crée pas la souffrance dans le monde; nous la provoquons en ignorant Dieu et en nous mettant à Sa place. Nous — chacun de nous — pouvons arrêter les souffrances en choisissant d'accomplir la volonté de Dieu. C'est notre choix. Dieu ne nous y contraindra pas, pas plus qu'il ne choisira pour nous.

Quatrième
étape

Quatrième Étape
Nous avons fait un inventaire moral sans peur et appro-
fondi de nous-mêmes.

Si les trois premières étapes demandèrent principalement de la réflexion — de l'abandon, de la croyance, et la
décision de s'en remettre à une Force Supérieure — avec
la Quatrième étape débute la section active du Programme.

Nous avons trouvé dans ce Programme que la connaissance de soi est un élément essentiel du développement
émotionnel et spirituel. En fait, c'est tout ce dont est con-
stitué le développement émotionnel. Sans elle, notre
vrai moi, incluant nos vrais émotions, motifs et déficiences demeurent cachés dans notre inconscient, provoquant tout le bouleversement, le chagrin, la douleur, les

déséquilibres et les frustrations qui nous ont conduits à ce Programme, ou du moins à lire ce livre.

De plus, ces cachettes, émotions inconscientes, motifs et effets, s'ils sont laissés sans surveillance, peuvent seulement entretenir et devenir de plus en plus destructeurs pour notre sérénité, notre paix et notre joie jusqu'à ce qu'ils nous amènent à la démence totale ou à une autre forme d'auto-destruction. Plusieurs d'entre nous, qui avons refusé de regarder à l'intérieur de notre vie, en sommes sur la voie. Comme avec un furoncle sans soins, l'infection se répand jusqu'à ce qu'elle menace notre être en entier. Comme le furoncle, le cerveau inconscient doit être percé; l'infection doit être purgée. Le processus pour le faire est «un inventaire moral, sans peur et approfondi». Il assainira l'air; il dégagera notre cerveau; ça sera le commencement de notre habileté à nous adapter à de nouvelles attitudes, à nous débarrasser complètement de nos vieilles conceptions, à exposer et à admettre «notre façon erronée de penser». L'inventaire lui-même peut nous apporter un soulagement considérable quand tout le pus émotionnel accumulé (d'autres l'appellent ordure) en vient à jaillir à l'extérieur de nous. Il peut aussi libérer des quantités considérables d'énergie que nous utilisions antérieurement pour réprimer toutes les émotions auxquelles nous ne pouvions faire face.

Mais de quelle façon allons-nous procéder ? Comment faisons-nous un inventaire sans peur et approfondi de nous-mêmes ?

Comme tout ce que contient ce Programme, il y a autant de réponses à ces questions qu'il y a de personnes dans le Programme. Mais la littérature du Programme suggère une façon avec laquelle plusieurs ont trouvé de l'aide et que, quand en arrive le temps, vous pouvez bien avoir le désir de suivre.

Premièrement, c'est un acquis non mesurable que d'être passé en profondeur à travers les trois premières Étapes. Parce que sans l'humilité qui nous vient avec la Première étape et sans la dépendance et la confiance en Dieu comme nous Le concevons, qui nous vient avec les Deuxième et Troisième étapes, nous ne pouvons être prêts pour la Quatrième. Sans la foi à une Force Supérieure, un inventaire vraiment recherché serait insupportable et un inventaire sans peur serait impossible. Nous deviendrions effrayés et pleins de culpabilité au point où nous ne pourrions continuer.

Plusieurs d'entre nous qui avons essayé cela en psychothérapie, même avec l'aide d'un thérapeute demi-Dieu (pour nous), connaissons la peur, l'anxiété, et l'auto-punition que le processus occasionne. Mais avec l'aide du pardon infini de notre Force Supérieure et la comphéhension patiente de notre personne-ressource du Programme (parrain), nous pouvons cheminer sans peur ou du moins avec une peur grandement diminuée.

Une suggestion serait que nous écrivions nos ressentiments, nos peurs, nos culpabilités, et que nous fassions un rapport détaillé de notre comportement sexuel s'il a été un problème. Nous pouvons alors les passer en revue pour déterminer pourquoi nous avons ces peurs, ces ressentiments et ces culpabilités, et nous trouverons normalement qu'ils résultent des menaces à notre ego, de la perte de l'estime de soi, ou d'une blessure à notre fierté. Lorsque nous faisons cela, notre vieil ennemi «le moi» se présente encore.

Nous avons vu auparavant comment nous devons nous dépasser nous-mêmes si nous voulons connaître la paix et la sérénité. Mais avant que nous puissions faire cela, nous avons besoin de faire face à tous les aspects désagréables de nous-mêmes — ou ce que nous considérons indésirables. Nous avons besoin de comprendre d'où ils viennent, pourquoi nous les avons, qu'est-ce qui nous motive, et nous devons consciemment accepter ces parties de nous-mêmes que nous avons précédemment gardé cachées, hors de notre vue. Seulement à ce moment avons-nous l'humilité et l'honnêteté de nous regarder nous-mêmes comme des enfants humains de Dieu plutôt que les «êtres parfaits», comme Dieu, que nous avons essayé d'être (mais que nous savions profondément ne jamais être). Nous avons déjà vu que la seule façon par laquelle nous pouvons nous approcher de la Divinité s'accomplit dans un esprit vrai d'humilité, en admettant et acceptant totalement notre humanité impénitente. Ou, traduit d'une autre façon, la Force de Dieu est infiniment humble. Pour nous rendre prêts à l'utiliser, nous aussi devons devenir humbles.

Une autre suggestion pour faire un inventaire est de réviser par écrit nos désirs, nos pensées, nos motifs et nos actions dans les vieux termes toujours d'actualité de la chute de l'homme — les Sept péchés capitaux. Ce sont l'orgueil, l'avarice, l'impureté, la colère, la gourmandise, l'envie et la paresse. Même si plusieurs d'entre nous n'aimons pas le mot «péché» nous pouvons les imaginer comme défauts de caractère, et pouvons aussi bien ajouter la peur à cette liste. Si nous faisons cela honnêtement, nous trouverons probablement que la peur sous-tend tous nos autres défauts de caractère. L'orgueil est la peur de l'humilité; l'avarice est la peur de vouloir — ne pas en avoir assez; et l'impureté est souvent motivée par la peur du rejet.

Nous utilisons souvent la colère pour camoufler la peur puisque celle-là est une émotion plus acceptable que celle-ci. La gourmandise et l'envie proviennent aussi de la peur du rejet ou d'une absence de valorisation et la paresse de la peur des responsabilités. Ainsi la peur, la peur de nous regarder nous-mêmes, la peur d'affronter le monde, la peur d'affronter la vie ou la peur de perdre — est habituellement l'ennemi caché numéro 1, et elle est souvent déguisée en ressentiment ou en colère. Nous apprenons dans le Programme que la solution de remplacement de la peur est la foi. Lorsque nous croyons et avons confiance en notre Force Supérieure, nous n'avons plus peur. Comme notre pratique de la foi croît, notre peur diminue.

Une méthode que nous vous conseillons est de faire votre inventaire en deux parties : d'abord d'une forme simplifiée, puis plus tard sous une forme détaillée. La première méthode, simplifiée, peut être utilisée par les membres après seulement un court séjour dans le Programme. La deuxième méthode ne doit pas être utilisée avant que la personne comprenne à fond le Programme. Si, lorsque vous utilisez soit la forme simplifiée, ou la forme détaillée, vous devenez démesurément anxieux ou contrariés, mettez-la de côté. Vous n'êtes pas encore prêts à le faire.

Recommencez un autre jour. C'est une étape (difficile) qui doit être faite, mais ne la forcez pas. (Getting Started on the Fourth Step, EHA, 1973).

La brochure de SEA est conçue de manière à suggérer que nous fassions une liste de tous les événements qui nous ont rendus heureux, en commençant aussi loin que l'on puisse se souvenir. Par exemple : «À l'âge de sept ans, sur un rocher prêchant aux autres enfants», «Au collège, faisant partie de l'équipe du journal», «la graduation du Collège», «1945, la sortie du service militaire» etc., laissant de l'espace entre chaque événement. Puis il est suggéré que nous commencions une liste semblable de tous les événements qui nous ont rendus malheureux ou des moments où les choses n'allaient pas bien pour nous. Par exemple : «huit ans, ne peut pas nager avec ses frères», «dix ans, ne peut aller chasser avec ses frères», «vingt-deux ans, ne peut conserver un emploi », etc.

La méthode se poursuit pour nous dire de mettre à jour et compléter ces listes à chaque fois que nous pensons avoir oublié quelque chose. Puis il nous est dit de mettre ces listes de côté pour un moment et d'y songer souvent, essayant d'être aussi honnêtes avec nous-mêmes que nous le pouvons. Après environ une semaine, nous sortons de nouveau les listes et procédons à la deuxième partie de l'inventaire. Nous écrivons à côté de chaque point de la «bonne liste» pourquoi ce point nous fait sentir bien, et la même chose pour la «mauvaise liste»; mais en étant réellement honnêtes avec nous-mêmes pour ces «mauvais» points. L'auteur de la brochure continue en nous disant : «Si vous êtes comme j'étais, vous réaliserez que vous avez utilisé des excuses et blâmé les autres dans le passé pour vos défauts. Pas de cela maintenant, allons à la vérité». (Ibid. EHA).

Une autre suggestion pour ceux d'entre nous qui sommes bien disposés a été d'écrire l'histoire de toute notre vie depuis le temps où nous étions de petits enfants, en nous souvenant particulièrement comment nous nous sentions. Le procédé de l'écriture pour certains d'entre nous est de lui-même un soutien, un catalyseur d'émotions, un procédé de nettoyage qui, de par lui-même, peut évacuer un bon lot de pression.

La suggestion d'énumérer les bons et les mauvais moments nous rappelle que le processus n'en est pas seulement un pour rechercher tous nos défauts, mais plutôt pour nous voir nous-mêmes de façon plus réaliste, comme une combinaison de bonnes et de moins bonnes composantes. En fait, plusieurs groupes offrent une feuille guide d'inventaire qui contient deux colonnes, une pour les qualités et une pour les défauts. La raison pour laquelle les défauts sont habituellement plus accentués que les qualités est que ce sont les défauts qui sont la cause de nos problèmes. Ils sont les plus difficiles à déraciner et ceux avec lesquels il est le plus difficile d'être honnête. Il est beaucoup moins difficile pour nous d'admettre que nous sommes capables, compétents et responsables dans notre travail (si c'est vraiment le cas) qu'il l'est d'accepter que nous sommes égocentriques, égoïstes, et désintéressés dans nos relations avec notre famille. Toutefois, dans le cheminement pour travailler sur nos défauts, nous devons résister à la tentation d'oublier nos qualités. Nous devons les reconnaître et apprendre à nous apprécier nous-mêmes.

Une cinquième façon de faire notre inventaire — bien que plus difficile au début — est de nous regarder avec une honnêteté accrue sans juger ce qui est bon ou mauvais, désirable et indésirable. Notre objectif est d'accepter éventuellement tout ce que nous trouvons en nous. Lorsque nous portons un jugement sur tel aspect de nous ou que nous l'étiquetons vrai ou faux, bon ou mauvais, nous échouons dans notre objectif parce que nous voulons seulement voir le bon et avons tendance à rejeter ou à ignorer le mauvais. Lorsque nous commençons finalement à voir le mauvais, nous en sommes tellement bouleversés que nous nous condamnons et nous haïssons sans raison avec comme conséquence beaucoup de douleur et de souffrances. Si nous nous observons simplement sans juger, notre tâche d'acceptation de soi devient beaucoup plus facile. Parce que nous sommes devenus si habitués à porter des jugements sur tout et sur chacun autour de nous, aussi bien que sur nous-mêmes, la plupart d'entre nous avons besoin progressivement de désapprendre nos habitudes de juger en nous souvenant gentiment mais constamment que nous voulons maintenant accepter plutôt que juger, et que juger usurpe l'acceptation. Plutôt que de nous faire des idées pour ou contre différentes parties de nous, nous voulons maintenant adopter l'attitude neutre d'un impartial observateur de nous-mêmes.

Ayant terminé notre propre inventaire, peu importe la façon qui était la plus confortable pour nous, nous sommes maintenant prêts pour la Cinquième étape.

Cinquième
étape

Cinquième Étape
Nous avons avoué à Dieu, à nous-mêmes et à un autre
être humain la nature exacte de nos torts.

Le plus à fond nous allons dans ce Programme, le plus d'humilité il nous est requis, ou plutôt, exigeons-nous de nous-mêmes. Ça a pris une bonne dose d'humilité pour en arriver à devenir prêt pour la Cinquième étape. Mais la Cinquième étape est celle où nous mettons notre humilité à l'épreuve. Sommes-nous vraiment humbles, ou pensons-nous seulement que nous le sommes ? Sommes-nous vraiment humbles dans le sens que nous nous voyons comme un être humain dans une mer d'êtres humains, étant tous des enfants de Dieu ? Sommes-nous vraiment humbles dans le sens où nous commençons à compter de plus en plus sur notre Force Supérieure dans de plus en plus de secteurs de notre vie, substituant sa volonté à la nôtre ?

Comment pouvons-nous en être certains ? La Cinquième étape nous offre un sentier pour mettre à l'essai notre humilité. Si nous sommes vraiment humbles, si nous nous acceptons tels que nous sommes avec tous nos défauts tels que découverts dans notre inventaire, nous n'aurons pas beaucoup de difficulté à entreprendre la Cinquième étape, une fois que nous trouverons la personne avec qui la traverser. Si nous ne sommes pas vraiment humbles, ou si nous sommes humbles seulement dans certains secteurs avec des réserves ou une fausse modestie dans d'autres (ce qui est souvent le cas pour la plupart d'entre nous), cela se sentira dans notre habileté à entreprendre la Cinquième étape et, en l'entreprenant, notre humilité sera approfondie.

Dans la Quatrième étape, nous avons noté tous les défauts de caractère dont nous étions conscients à ce moment-là, autant que tous nos bons côtés. Maintenant, à la Cinquième étape, nous songeons profondément à ceux-ci et nous nous les avouons complètement aussi bien qu'à Dieu. Lorsque nous faisons cela avec toute l'humilité que nous pouvons rassembler, nous trouvons Dieu disposé à nous pardonner et à nous accepter en dépit de nos défauts, nos erreurs passées et nos déficiences présentes, si nous sommes disposés à nous pardonner nous-mêmes. La chose réellement difficile pour la plupart d'entre nous est de nous asseoir face à face avec un autre individu et de lui avouer «la nature exacte de nos torts». Une multitude d'appréhensions nous ralentit. Même en assumant que nous pouvons choisir avec attention une personne digne de confiance, discrète, qui saura garder nos confidences, rira-t-elle de nous ? Nous croira-t-elle idiots ou ridicules ? Ou pire encore nous trouvera-t-elle bizarres, méprisables ou ignobles ? Deviendra-t-elle dégoûtée par les horreurs que nous révélons ? C'est une chose pour Dieu dans son infinie clémence de nous pardonner et de nous accepter pour ce que nous sommes, mais pouvons-nous révéler tous nos «répugnants» secrets à un autre être humain et nous attendre à être acceptés et compris ?

Si nous avons fait un rigoureux inventaire à la Quatrième étape, ces peurs du ridicule et du rejet en feront partie, couchées en noir sur blanc sur du papier, et nous réaliserons qu'elles proviennent de notre besoin d'offrir «une bonne» image de nous-mêmes à tous, parce que nous avons peur que, si nous ne le faisons pas, ils n'auront rien à faire avec nous; nous serons isolés et proscrits, et par conséquent sans valeur. Mais dans une réflexion plus approfondie, n'est-ce pas seulement ce besoin de «soigner» ou de déformer notre image qui a élevé de réelles barrières entre nous et le reste du monde, barrières qui en fait nous ont isolés en dépit de — ou peut-être à cause de — la fausse façade que nous offrons ? Rien ne nous attire autant envers les autres et les autres envers nous que l'honnêteté et l'humilité. Parce qu'elles représentent la vraie humanité, et que c'est ce qui nous attire les uns envers les autres.

Un autre paradoxe de la vie est qu'il n'existe aucune façon pour nous de nous en sortir sauf en étant aussi honnêtes que nous le pouvons; en d'autres mots, en passant à travers la Cinquième étape en dépit de nos peurs. Habituellement, cela apporte des dividendes instantanés. Le soulagement que nous avons pu vivre en faisant notre inventaire est maintenant multiplié par dix parce que nous avons réellement évacué tous ces désagréables secrets de notre système et avons trouvé l'acceptation en dépit de ceux-ci (ou à cause de ceux-ci). Si de faire notre inventaire fût une déchirante expérience parce qu'elle déterrait des culpabilités et des remords depuis fort longtemps oubliés, alors entreprendre une Cinquième étape immédiatement ou tôt par après peut aller très loin dans le soulagement de la culpabilité et de l'anxiété que nous pouvons ressentir. Invariablement, après une Cinquième étape, nous nous sentons plus intégrés à la race humaine, plus près de nos semblables, et beaucoup moins un accident de la nature. Notre propre estime augmente; un sens profond de bien-être nous enveloppe comme jamais auparavant. Nous commençons à avoir une petite idée de ce que peut être une réelle sérénité.

Nous pourrions avoir besoin d'être prudents en choisissant la personne avec qui nous ferons la Cinquième étape. Nous pourrions vouloir la faire avec notre personne-ressource du Programme (parrain) ou avec une personne compréhensive qui n'est pas reliée à notre Programme. Ça peut être une personne du clergé, un psychiatre, un conseiller ou un ami très proche. Par dessus tout, ça doit être quelqu'un en qui nous pouvons avoir confiance pour ce qui est de l'absolue discrétion, quelqu'un que nous savons être compréhensif et ouvert sans se sentir désolé pour nous. Le choix est entièrement le nôtre, et ce doit être une personne avec laquelle nous sommes tout à fait confortables. Nous pouvons même choisir quelqu'un que nous n'avons jamais rencontré auparavant et que nous ne reverrons jamais.

Ceux d'entre nous qui ont été en psychothérapie avant d'en arriver au Programme avons déjà fait une sorte de

Quatrième et de Cinquième étape avec notre thérapeute, et pour ceux qui furent vraiment honnêtes, cela peut être suffisant. Mais pour les autres qui ont besoin d'être plus minutieux, ils peuvent être harcelés par l'idée que l'inventaire de la thérapie n'était pas écrit comme il est suggéré dans le Programme. Pour ceux-là, il peut devenir nécessaire de faire un exercice d'inventaire écrit, particulièrement si quelque chose fut caché au thérapeute et ainsi n'a jamais été dévoilé en thérapie. Plusieurs d'entre nous ont essayé la thérapie en désespoir de cause pour seulement quelques semaines ou quelques mois, et n'ayant pas obtenu suffisamment de résultats rapides, ont abandonné, désespérés et se sentant rejetés. Sans aucun doute, ce genre de traitement écourté ne fut-il pas suffisant pour remplacer une Quatrième et une Cinquième étape approfondies. Il semble que seulement une période de thérapie prolongée de plusieurs années pourrait possiblement faire le travail, si c'était tout à fait honnête. Sinon, nous sentirons sans aucun doute le besoin de faire un inventaire écrit plus minutieux et d'en discuter ouvertement avec la bonne personne.

Nous demandons souvent «Pourquoi ai-je à discuter de mes défauts avec une autre personne ? Pourquoi n'est-ce pas assez pour moi de les avouer à Dieu et à moi-même ?» La meilleure réponse à ces questions se trouve l'expérience de le faire, mais cette réponse n'apaisera pas les anxiétés du demandeur. Nous avons déjà mentionné le sens profond du bien-être que nous expérimentons par l'accueil inconditionnel d'un autre être humain, et c'est une grosse partie de la réponse à cette question. Mais il y a plus, et cela a à voir avec le fait que nous nous aidons nous-mêmes à passer à travers nos propres déceptions. La plupart d'entre nous sommes tellement habitués à nous mentir — à nous cacher la froide, dure, objective vérité à notre sujet, à la couvrir de miel ou à l'adoucir (nous avons eu à être bons envers celle-ci pour éviter les douleurs de la honte, de la culpabilité et de l'estime de soi; nous aurions souffert sans ces trompeuses habiletés) — que nous avons besoin de l'aide de l'extérieur pour voir jusqu'où nous pouvons aller dans nos propres déceptions. Nous avons besoin d'un autre point de vue — un point de vue impartial, désaffecté, compréhensif, acquiesçant, sans jugement, non condamnant.

C'est une chose que d'être honnêtes avec nous-mêmes, mais comment pouvons-nous en être sûrs, si c'est seulement avec nous que nous pouvons le vérifier ?

Puisque notre Force Supérieure est généralement une question personnelle pour chacun, nous pouvons LUI avouer nos torts, mais aussi les retenir ou n'être pas tout à fait honnêtes, sans nous en rendre compte. Seulement un autre être humain peut nous obtenir un point de vue valable — pas seulement une vérification de notre humilité, comme nous avons dit, mais aussi une vérification de notre honnêteté. En nous prêtant une oreille sympathique, en nous questionnant gentiment ou en nous demandant de clarifier certains points, peut-être en partageant une semblable (ou pire) expérience avec nous, un autre être humain peut stimuler une plus grande honnêteté de notre part, et nous conduire à découvrir à l'intérieur de nous des déceptions supplémentaires que nous pouvons avoir oubliées. C'est une fonction que très peu d'entre nous pouvons remplir par nous-mêmes.

La beauté de cette honnête discussion entre nous et un autre être humain est que, l'ayant fait, «l'horrible» valeur ou la valeur honteuse de nos défauts passés et défauts de caractère présents semble diminuer à une vitesse stupéfiante. Nous nous trouvons beaucoup plus volontaires à nous débarrasser de nos défauts, à les discuter ouvertement avec un nombre croissant de gens; en fait, à arrêter de nous cacher.

Nous devenons plus réels, plus authentiques, plus vrais. Pour citer un auteur, nous atteignons un point où nous disons, «Ça va, je ne suis peut-être pas celui que je pensais être ou voudrais être, mais je suis tout ce que je suis, et c'est bien. C'est un bon départ pour commencer et pour avancer».

Sixième étape

Sixième Étape
Nous avons pleinement consenti à ce que Dieu élimine
tous ces défauts de caractère.

Ayant terminé la Cinquième étape, nous avons complété la première partie de notre ménage de base et, en faisant cela, pouvons avoir fait un long chemin afin d'être pleinement consentants à ce que Dieu élimine tous nos défauts de caractère. Toutefois, pour plusieurs d'entre nous, la Sixième étape apparaît presque trop simple. Bien sûr, nous sommes prêts à ce que nos défauts de caractère soient éliminés. C'est ce que nous avons essayé de faire toute notre vie — être parfaits. Qui veut être envahi par l'égoïsme, l'égocentrisme, les ressentiments, l'anxiété, les peurs et tout le reste ? Notre plus fervent désir est de les avoir tous éliminés. Mais peu d'entre nous réalisons, jusqu'à ce que nous ayons passé les étapes antérieures, que désirer ou vouloir éliminer nos défauts de caractère, ne nous rend pas automatiquement consentants à les éliminer. Même demander à Dieu de les éliminer, comme nous le faisons à la Septième étape, n'aidera pas si nous ne sommes pas consentants. Alors que signifie «être consentant» ? Quand sommes-nous consentants ? Et comment savons-nous que nous le sommes ?

Pour répondre à ces questions, nous sommes ramenés encore une fois, comme nous le sommes toujours dans le Programme, au fait que chacun d'entre nous est unique. Nous devons poursuivre notre cheminement personnel pour devenir consentants et devons le parcourir à notre propre rythme. Toutefois, en faisant cela, nous devons garder à l'esprit le cheminement des autres membres à cette étape.

Peut-être que l'élément essentiel à notre consentement est notre vieille amie l'humilité. Passer à travers la Première étape jusqu'à la Cinquième a exigé de notre part une humilité sans cesse accrue. Mais à la Sixième étape, nous trouvons que notre humilité doit grandir quelque peu afin d'éliminer nos défauts de caractère. Nous devons réellement renoncer à notre égocentrisme; nous devons vraiment rechercher la volonté de Dieu à notre égard et renoncer à la nôtre. En d'autres mots, nous devons vraiment écouter nos voies intérieures, notre intuition, la voie de notre inconscient, plutôt que de masquer ces messages intérieurs avec des pensées conscientes, des rationalisations, «des devrait et des faudrait et des vouloir» de notre pensée rationnelle. Parce que l'inspiration de Dieu provient vraiment de notre centre spirituel intérieur et que, pour l'entendre, nous devons écouter de l'intérieur.

«Être entièrement consentants à ce que Dieu élimine tous ces défauts de caractère» signifie aussi que nous devons être prêts pour la liberté. Parce que sans nos défauts pour nous appuyer, sans nos défauts à blâmer («Je n'y peux rien, je suis comme ça !») il n'y a plus de contraintes à la liberté. Nous devenons libres de choisir, libres d'agir, libres d'être; et nous sommes laissés à la totale responsabilité de nos attitudes, de nos sentiments et à notre croyance dans le sens existentiel. Nous devenons nous-mêmes libres de vivre la vie que nous avons choisie comme nous l'avons choisie. Il peut paraître à quelques-uns que nous ne sommes pas entièrement libres depuis que nous avons choisi Dieu, mais il n'en est rien. Puisque Dieu est infini et ne nous impose pas de limites, nous sommes vraiment libres. Nous avons choisi Dieu pour notre propre bien-être et pour celui des autres; en gros, pour le développement et la croissance de notre «moi» spririruel, et donc de l'univers entier. Ainsi, nous devons vouloir cette liberté parce que, au départ, lorsque nous n'y sommes pas habitués, c'est effrayant. Mais si nous nous souvenons que la peur est inversement proportionnelle à la foi dans notre Force Supérieure, alors, comme notre foi a grandi à travers les cinq premières étapes, nos peurs furent grandement réduites, nous rendant ainsi de plus en plus consentants à éliminer nos défauts.

Finalement, nous avons besoin d'examiner la signification, dans la Sixième étape, des termes «pleinement consenti» et «tous ces défauts de caractère», lesquels font paraître l'Étape aussi difficile à un certain moment parce que nous devenons complètement et absolument consentants à voir tous nos défauts éliminés à la fois. Pour quelques-uns, ça peut actuellement se passer de cette façon — comme un coup de foudre. Ils deviennent consentants; ils demandent à Dieu d'éliminer tous leurs défauts (Septième étape), et ils (les défauts) s'en vont !

Ces personnes vivent un éveil spirituel soudain; en fait, ils renaissent dans le sens où Boudha ressuscita lorsqu'il s'est réveillé. Émotionnellement et spirituellement, ces personnes sont de nouvelles personnes.

Pour la plupart d'entre nous, toutefois, le processus est lent et graduel. Comme nous poursuivons avec la Quatrième et la Cinquième étape (ou comme nous faisons notre Dixième) suite à nos premières, et comme nous essayons de mettre en pratique et de vivre les principes du Programme dans notre vie quotidienne, nous découvrons que, graduellement et par ordre, nous devenons consentants à éliminer nos défauts de caractère. Pour certains défauts, c'est plus facile que pour d'autres, et bien entendu, pour les faciles, nous serons consentants plus rapidement. Ce qui arrive souvent à plusieurs d'entre nous, c'est que nous ne sommes pas consciemment conscients d'être consentants à avoir un ou plusieurs défauts éliminés, ou même à demander à Dieu de les éliminer. Le premier éveil de conscience que nous faisons est que nous sommes différents d'une façon ou d'une autre. Nous avons changé. Souvent le changement est remarqué par ceux qui sont près de nous avant même que nous n'en soyons conscients nous-mêmes. La personne menée par la peur commence à fonctionner plus convenablement; la personne dépendante du pouvoir devient plus chaleureuse et plus compatissante; la personne névrosée, insécure, ne fait plus de remarques ou ne critique plus les autres, a une attitude plus positive et parle de façon plus élaborée et avec plus de confiance. Les dépressions mélancoliques et névrosées apparaissent moins souvent, du moins pour de plus brèves périodes, et sont beaucoup moins excessives. Presque tous les adhérants de ce Programme deviennent plus calmes, plus sereins, et ils affichent des sourires sincères la plupart du temps. À travers ces exemples, qui sont la règle plutôt que l'exception dans le Programme, nous voyons qu'une grande partie du «travail» du Programme est fait inconsciemment, sans action consciente de notre part. Cela semble être particulièrement vrai dans le cas de la Sixième étape, et souvent de la Septième.

En tentant consciemment et simplement de vivre les principes, les prières et les slogans du Programme (ce que nous appelons «faire le travail de base»), nous devenons inconsciemment consentants à ce que Dieu élimine nos défauts de caractère. Notre volonté à les éliminer est une requête inconsciente qu'Il entend aussi bien que si nous avions exprimé cette requête dans une prière verbalisée et audible.

Nous avons dit plus tôt que Dieu comprend tous les langages incluant, ou spécialement, celui du coeur, et nous pouvons maintenant ajouter cela à l'inconscient. Ce fait, que nous avons observé maintes et maintes fois en nous-mêmes et chez les autres dans ce Programme, confère une crédibilité au fait que plusieurs d'entre nous croient que Dieu réside dans notre inconscient et que nous sommes tous interreliés à «l'inconscient collectif».

Ce phénomène que nos désirs ou nos souhaits soient accordés à travers notre inconscient est décrit en détail dans un livre appelé «Psycho-Cybernetics» de Maxwell

Maltz. Il appelle ce phénomène du retour de l'inconscient par un nom fantaisiste et scientifique; nous le nommons d'une manière ancienne plus familière, Dieu.

L'idée est, bien entendu, qu'il n'y a aucune différence dans la façon dont nous le nommons en autant que nous le pratiquons, et ce Programme de développement spirituel nous le fait pratiquer continuellement.

Pour certains de nos défauts plus tenaces, plus profondément enracinés, l'inconscient ne peut peut-être pas suffire. L'aide de notre conscience active sera très probablement requise. Nous pouvons nous procurer cette aide en nous souvenant doucement d'adopter la même attitude d'observation, tel que nous le mentionnons à la Quatrième étape. En devenant nos propres observateurs, nous pouvons augmenter notre niveau de conscience de la façon dont nous agissons ou réagissons dans des situations variées. Lorsque nous nous voyons faire quelque chose qui n'est pas constructif et que nous désirons changer, ou lorsque nous pensons d'une façon négative, nous en prenons bonne note et nous nous souvenons que ce sont de vieilles idées, de vieilles pensées ou de vieilles actions que nous désirons abandonner. Nous remplaçons à présent celles-ci par des idées, des pensées ou des actions plus constructives. Si nous avons de la difficulté à le faire, nous demandons à notre Force Supérieure de nous aider et de nous disposer à être aidé, si nécessaire. Et nous continuons à le demander humblement jusqu'à ce que la pensée indésirable soit hors de notre esprit, ou jusqu'à ce que les sentiments négatifs soient disparus.

Cette technique d'observation, de prise de conscience et de remplacement fonctionnera seulement si nous avons en premier lieu fait un inventaire exhaustif et avons fait face aux côtés mesquins, égoïstes et peut-être cruels de nous-mêmes; si nous nous sommes avoués à nous-mêmes, si nous avons avoué à Dieu et à une autre personne tout ce que nos côtés destructifs ont fait dans le passé pour nous blesser et blesser les autres; et aussi si nous faisons maintenant de notre mieux pour accepter et pour nous pardonner ces côtés de nous-mêmes. Parce que c'est seulement lorsque nous les acceptons pleinement et humblement que Dieu semble être capable de les changer et de les éliminer.

Septième étape

Septième Étape
Nous lui avons humblement demandé de nous enlever nos déficiences.

S'il nous arrive de croire qu'au moment où nous atteignons la Septième étape, nous avons acquis assez d'humilité, le tout premier mot de la Septième nous rappelle qu'il n'en est pas ainsi. Mais à ce moment, pour la plupart d'entre nous, l'humilité est devenue une qualité recherchée, à ne pas fuir. Notre expérience dans le Programme a totalement changé notre attitude envers l'humilité. Comme presque n'importe qui d'autre dans ce monde, nous sommes habitués à penser à l'humilité comme étant une dépréciation de notre valeur, nous dérobant une partie de notre estime de soi, et exigeant de nous de ramper dans la laideur de notre propre abaissement. La plupart d'entre nous confondons humilité et humiliation. Nous tentons de les éviter tous les deux comme la peste. Nous pourrions n'avoir rien de cela, parce que ça pourrait nous paralyser, nous rendre impuissants, sans pouvoir, incapables de fonctionner.

Mais comme nous avons pratiqué le Programme de notre mieux, comme nous avons écouté et appris des autres, comme nous commençons à émerger lentement de notre brume névrosée, commence à poindre l'idée que nous portions en nous des aspects tout à fait opposés. L'humilité n'a pas dégonflé notre égo; mais lorsque nous avons vu que notre égo surgonflé nous causait toutes sortes de douleurs et de chagrins, et que nous avons décidé de les dégonfler ou de les relâcher avec l'aide de notre Force Supérieure, alors nous avons acquis quelque degré d'humilité. Souvent, c'était l'humiliation dont nous avons souffert à répétition comme résultat de notre égo gonflé qui nous a amenés à accepter l'humilité, ou à accepter les choses que nous ne pouvons changer avec humilité et sérénité. Nous avons découvert qu'il ne pourrait y avoir de sérénité pour nous sans quelque degré d'humilité.

Aussi longtemps que notre égo combattait pour changer des choses que nous ne pouvions changer, nous nous cognions la tête contre le traditionnel mur avec l'inévitable résultat d'une tête ensanglantée, d'un égo abîmé et d'une nouvelle humiliation. Pour quelques-uns d'entre nous, c'est la seule façon d'apprendre; et nous devons apprendre quelques leçons encore et encore avant que nous ne soyons prêts à accepter leur contenu. Notre propre égo est limité; notre propre volonté crée du ravage tout autour de nous; c'est seulement à travers notre Force

Supérieure illimitée que nous pouvons atteindre la sérénité que nous recherchons. Lorsque finalement nous comprenons cela, nous sommes prêts pour la Septième étape.

Nous désirons l'humilité non seulement parce qu'il est nécessaire de demander à Dieu d'éliminer nos déficiences, mais parce que nous avons réalisé que c'est la seule façon d'atteindre la sérénité, le calme et la joie que nous recherchons. Pour en arriver à cela, si nous désirons être une personne mature, grandissante, en expansion, utile, joyeuse et heureuse, nous aurons à développer notre calme intérieur ou notre sérénité — même dans un monde turbulent et aliénant. Pour atteindre ce calme intérieur, nous devons développer l'humilité — l'habileté à accepter les choses comme elles sont lorsque nous ne pouvons les changer, et rechercher l'aide de Dieu pour changer les choses que nous pouvons changer. Et avant que nous puissions développer le concept que l'humilité nécessite d'admettre que nous sommes impuissants (Première étape), que l'humilité nécessite de demander humblement à Dieu d'éliminer nos déficiences (Septième étape), nous devons nettoyer la maison; nous devons identifier ces déficiences comme à la Quatrième étape, les admettre à Dieu, à nous-mêmes et à un autre être humain, et nous devons devenir entièrement consentants à les éliminer. Alors seulement pouvons-nous arriver à connaître l'humilité comme une qualité désirable.

Comme la Sixième étape, la Septième suggère l'élimination de toutes nos déficiences, bien que le mot «toutes» ne soit pas mentionné. Encore une fois, il peut sembler trop facile aux nouveaux adhérants au Programme d'avoir simplement à demander à Dieu de procéder à l'élimination de leurs déficiences pour les voir éliminées. Ici encore nous soulignons le fait que nous ne demandons pas «simplement»; nous demandons «humblement», et le développement de l'humilité nécessaire pour cela a été le travail des six premières étapes. Du reste, même si la Septième étape suggère l'élimination de toutes nos déficiences, nous devons nous rappeler de négocier avec chacune individuellement, de préférence en commençant avec les plus faciles afin de construire la confiance à mesure que nous avançons. Nous ne pouvons pas nous attendre à trop de nous-mêmes. Nous ne pouvons pas non plus nous attendre avec réalisme à nous améliorer d'un seul coup, ni sans l'aide de notre Force Supérieure. Nous avons besoin de nous rappeler aussi souvent que nécessaire d'accepter l'aide de Dieu en toutes circonstances. Nous pouvons avoir à lui demander encore et encore de nous aider à renoncer à nos déficiences les plus pénibles et les plus enracinées. Ce qui est important c'est de continuer à essayer doucement, et la progression viendra à notre propre rythme intérieur.

Même si des miracles peuvent arriver et arrivent, nous ne pouvons nous y attendre ou les commander. Parce qu'on ne commande pas les miracles — une forme d'attente — Dieu nous les offre plutôt lorsque nous sommes prêts à les recevoir et à Le recevoir. Si nous demandons à Dieu d'éliminer un défaut de caractère et qu'il n'est pas éliminé, nous ne devons pas nous décourager ou nous mettre en colère contre Dieu ou contre nous-mêmes. Parce que si nous le faisons, nous serions en colère contre Dieu parce qu'Il ne répond pas à notre désir, et nous savons que ce n'est pas de cette façon que le Programme fonctionne. Si une déficience n'est pas enlevée lorsque nous demandons à Dieu de l'enlever, cela signifie simplement que nous avons plus de travail à faire. Nous ne sommes pas encore entièrement disposés à ce qu'elle soit enlevée, même si nous pouvons penser consciemment que nous le sommes; ou nous ne l'avons pas demandé humblement. Cela ne signifie pas que Dieu nous punit, et que la déficience ne sera jamais enlevée; cela signifie simplement que nous devons revenir et travailler un peu plus longtemps sur l'une ou plusieurs des étapes antérieures.

Mais cela peut aussi signifier autre chose; cela peut signifier que nous avons demandé à Dieu de nous enlever une déficience, et alors nous nous sommes assis et nous sommes attendus à ce qu'Il fasse tout de Lui-même. Après tout, nous nous disons : «Tu es Dieu tout-puissant, alors s'il te plaît, va de l'avant et enlève-la !» Non seulement ce genre de «requête» n'est-elle pas humble, mais même si nous demandons en toute humilité, nous devons encore faire «du travail de base». Nous devons faire tout ce que nous pouvons pour collaborer avec Dieu afin d'éliminer les déficiences que nous lui avons demandé d'enlever. Nous devons démontrer notre entière bonne volonté sur une base continuelle. Nous devons donner notre plein consentement. Nous ne pouvons pas nous attendre à ce que nos déficiences soient enlevées si nous continuons à nous comporter exactement comme nous le faisions en «attendant» que Dieu fasse tout pour nous. Parce que si nous faisons cela, cela signifie que nous ne sommes pas vraiment (inconsciemment) disposés à voir nos déficiences enlevées et que nous ne sommes pas encore assez humbles. Nous sommes encore inconsciemment ac-crochés, non disposés à lâcher prise. Cela arrive souvent à plusieurs d'entre nous. C'est seulement une indication de plus de la part de notre inconscient que nous sommes humains. Encore, la chose importante est de continuer à essayer doucement. Nous pouvons être aidés en cela en nous souvenant que nous ne sommes ni saints ni Dieu.

Si nous sommes disposés à grandir spirituellement et émotionnellement, et si nous pouvons voir juste un peu de progrès alors que nous cheminons, c'est assez pour nous apporter de la gratitude et de la joie. Et notre «attitude de gratitude», est un surplus qui nous aide non seulement à nous sentir mieux, mais à grandir un peu plus vite. Nous avons aussi besoin de nous rappeler que ce processus de développement spirituel est l'affaire de toute une vie, encore que nous ne le pratiquons qu'un jour à la fois — ou une minute à la fois si nécessaire.

Huitième
étape

Huitième Étape
Nous avons dressé une liste de toutes les personnes que
nous avions lésées et avons résolu de leur faire amende
honorable.

Lorsque nous avons fait notre inventaire à la Quatrième étape, nous avons fait une liste de tous les gens que
nous avons blessés au cours des années. Nous pouvons
maintenant désirer mettre à jour et compléter cette liste.
Pour continuer notre ménage intérieur, nous devons être
disposés à aller vers ces gens lorsque c'est possible, et à
réparer le dommage que nous avons fait dans le passé. Si
notre inventaire n'était pas assez minutieux, nous pouvons
avoir besoin de refaire les étapes quatre à sept avant de
procéder avec la Huitième étape. Aussi, nous pouvons
avoir à repasser à travers les trois premières étapes,
si nous avons eu de la difficulté à faire un inventaire

vraiment honnête, sans peur et approfondi. Pour la plupart d'entre nous, même ceux qui ont eu des réveils spirituels du type coup de foudre à la première, deuxième ou troisième étape, le Programme est progressif. Nous ne pouvons changer en une semaine, un mois, ou même une année ce qui nous a pris vingt à quarante ans ou plus à construire. Nous ne pouvons refaire le présent tant que nous n'avons pas défait le passé, et le passé peut seulement être défait petit à petit. Nous devons répéter chaque étape encore et encore, chaque fois avec plus d'honnêteté, d'humilité et d'approfondissement. Aussi notre liste peut ne pas être complète. Nous pouvons avoir besoin d'en ajouter.

Mais avoir ou faire une liste est seulement la première partie de la Huitième étape. La deuxième partie, «avons résolu de faire amende honorable» à tous les gens de cette liste, peut bien s'avérer être le pas le plus difficile pour plusieurs d'entre nous. C'est une chose que de nous admettre nos fautes, de les admettre à Dieu, et de les admettre à un autre être humain impartial, mais maintenant il nous est demandé d'être disposé à parler directement ou d'écrire aux gens que nous avons blessés, d'exprimer nos regrets sincèrement, et de faire un remboursement pour tout dommage physique ou monétaire que nous pouvions leur avoir causé. Cela signifie d'accepter entièrement et complètement notre part de chaque dispute dans laquelle une blessure fut faite à quelqu'un comme résultat de notre action ou de notre inaction, sans regard de la cause, et peu importe quelle justification nous pouvons avoir ressentie. La justification n'en fait pas partie, parce qu'elle nous éloigne seulement de notre faute ou d'une partie de notre tort envers l'autre personne. Et admettre ou s'excuser de l'erreur de quelqu'un d'autre ne nous a jamais rendus très bons. C'est seulement en exprimant du regret sincère pour notre propre part de la dispute et pour le mal ou la blessure que nous avons causé à l'autre personne, que nous pouvons terminer notre ménage jusqu'où il est nécessaire afin d'atteindre un éventuel développement spirituel et conserver sérénité et joie.

Alors que les étapes Quatre et Cinq étaient celles de notre ménage personnel, les étapes Huit et Neuf sont celles de notre ménage social — se débarrasser de la culpabilité causée par la connaissance, consciente ou inconsciente, que nous avons blessé d'autres gens. Mais avant que nous puissions nettoyer la maison en faisant des amendes honorables (Neuvième étape), nous devons être disposés à le faire. Cela peut paraître facile, et nous pouvons penser que «bien sûr, je suis disposé», mais ce n'est pas souvent ainsi, comme nous le découvrons en parvenant à la Neuvième étape. Devenir disposé à faire des amendes honorables requiert deux choses : la première est d'être disposés à pardonner, et la deuxième, un autre dosage important — vous le devinez —, d'humilité.

En passant à travers les étapes Quatre à Sept, et en écoutant plusieurs personnes aux groupes de soutien et notre personne-ressource, nous sommes déjà devenus conscients que les ressentiments et les rancunes sont des luxes que nous ne pouvons assumer. Ils détruisent non seulement notre sérénité et souvent notre santé mentale, mais ils sont plus blessants pour nous que pour la personne envers qui nous avons du ressentiment. Un ressentiment ou une rancune est comme une plaie ouverte qui nous gruge de l'intérieur, nous rendant maussades, amers, d'une humeur maladive, incapables de nous concentrer sur la croissance parce que notre attention est continuellement centrée sur la rancune et le ressentiment, ou rivalise avec la personne, le lieu, la situation ou l'institution pour lequel nous avons du ressentiment. Le ressentiment peut procurer un soulagement temporaire de la pression qu'il édifie en nous, mais la pression ne s'en va jamais, ne disparaît jamais, peu importe la fréquence du soulagement, jusqu'à ce que nous apprenions à nous libérer du ressentiment à travers l'acceptation et le pardon, et que nous le confiions à notre Force Supérieure comme la Troisième étape suggère que nous le fassions.

Nous avons besoin de reconnaître qu'en perdant notre calme, nous nous blessons plus fréquemment que nous blessons les autres. Lorsque nous sommes confrontés à la culpabilité ou à d'autres défauts que nous ne voulons pas affronter, nous nous attaquons à n'importe qui de notre entourage plutôt que de nous regarder honnêtement nous-mêmes. Quelquefois, l'autre personne a compris cela et a refusé d'être blessée par nos crises de colère. Dans ces situations, nous nous heurtons seulement nous-mêmes à travers notre propre comportement incontrôlable et malhonnête. Même dans ces situations, nous devons devenir disposés à faire des amendes honorables, parce que nous ne savons pas exactement si l'autre personne fut blessée ou non. La question est que nous nous sommes mal conduits et que nous devons faire des amendes honorables si nous désirons continuer à grandir.

Lorsque nous commençons à comprendre le tort que nous nous sommes faits, nous avons besoin de faire des amendes honorables en nous pardonnant et en essayant d'apprendre, par notre expérience, à réduire notre probabilité de le répéter dans le futur. À chaque fois que nous nous sommes blessés nous-mêmes, il est important de nous pardonner comme s'il s'agissait d'une autre personne. Si nous ne nous pardonnons pas nous-mêmes, nous ne pouvons pas pardonner aux autres, et si nous ne pardonnons pas aux autres, nous ne pouvons faire des amendes honorables avec dignité et respect de soi et sans humiliation. Si nous n'avons pas pardonné, si nous gardons encore des rancunes, nos amendes honorables peuvent facilement se transformer en une nouvelle argumentation ou discussion. C'est pourquoi notre volonté de faire des amendes honorables doit émerger d'un vrai désir de pardonner et d'oublier les torts des autres personnes aussi bien que les nôtres.

Ce besoin de pardonner est la raison pour laquelle cette étape demande beaucoup d'humilité de notre part. De la sorte nous avons eu l'humilité d'abandonner, d'accepter la volonté de notre Force Supérieure plutôt que la nôtre dans plusieurs secteurs, de jeter un honnête, profond regard en nous-mêmes et d'admettre à Dieu et à une autre personne ce que nous y avons trouvé. Nous avons aussi eu notre humilité de consentir et puis de demander à Dieu d'éliminer au moins quelques-uns de nos défauts de caractère. Nous en sommes maintenant au point où nous devons développer notre humilité pour pardonner à l'ami autant qu'à l'ennemi — et pour aimer nos ennemis, comme l'a enseigné le Christ.

Avec ce niveau d'humilité, nous pouvons vraiment voir chaque être humain, qu'il soit près de nous ou non, que nous soyions d'accord avec cette personne ou non, que nous comprenions ou non cette personne, comme ayant les mêmes droits d'être ici et de vivre heureuse sur cette terre que nous. Nous pouvons cesser de voir les désagréments comme des menaces à notre ego ou à notre bien-être. Nous pouvons commencer de nous-mêmes à respecter les différentes opinions sans avoir besoin de les déprécier ou de déprécier la personne qui les détient. Nous pouvons reconnaître que tous les points de vue sont nécessaires et sont importants. Cela ne signifie pas que nous ayons à être d'accord avec chacun au sujet de tout, mais cela signifie que nous pouvons cesser de haïr quelqu'un ou d'être complaisants parce que ses vues sont différentes des nôtres. Cela signifie aussi que notre propre bon sens sera préservé et que notre sérénité sera grandement accrue si nous pouvons pardonner et même aimer nos ennemis, plutôt que les haïr ou leur souhaiter du mal.

Pour bien des gens, pardonner, même si c'est difficile au début, est beaucoup plus facile qu'aimer un ennemi. Si nous sommes vraiment honnêtes, objectifs, et suffisamment humbles, nous pouvons pardonner à un ennemi, mais aimer quelqu'un par qui nous nous sentons blessés demande une énorme quantité de développement spirituel — presque de la sainteté. Mais si nous pensons à cela de différentes manières, cela peut ne pas être trop difficile. Nous avons souvent entendu dire que chacun d'entre nous est son propre pire ennemi, ou dans les fameux mots du personnage Pogo de la bande dessinée, «Nous avons rencontré l'ennemi, et c'est nous !» Comme nous l'avons répété dans ces pages, comme plusieurs auteurs l'ont fait avant nous, si nous ne nous aimons pas nous-mêmes, nous ne pouvons pas aimer quelqu'un d'autre. Si nous mettons ces deux vérités ensemble, nous en venons à la conclusion que nous devons apprendre à aimer l'ennemi en nous si nous voulons mener une vie heureuse, sereine et continuer à grandir spirituellement et émotionnellement.

Comme nous avançons à travers les étapes de ce Programme, nous apprenons enfin à pardonner, et à plaire, et puis à aimer l'ennemi intérieur, et à travers ce processus, que l'ennemi en arrive à être moins ennemi. Comme nous apprenons à reconnaître notre ennemi intérieur et à développer une plus grande acceptation plutôt que de la belligérance et du rejet de cette partie de nous, cet ennemi intérieur perd beaucoup, sinon toutes ses habiletés à nous blesser, à freiner notre route vers le progrès, et à gêner, retarder, empêcher notre croissance et notre développement. L'ennemi intérieur ne disparaît pas nécessairement, mais nous apprenons à reconnaître les moments où il est actif et à détourner nos attitudes négatives, destructrices en habiletés positives et constructives. Nous pouvons appliquer exactement le même procédé avec nos ennemis. Comme nous leur pardonnons, ils nous semblent et agissent moins comme des ennemis. Comme nous apprenons à leur plaire et à les aimer, ils peuvent souvent devenir rapidement des amis. La Huitième étape peut provoquer l'éclosion de plusieurs amitiés. À la Neuvième étape, elles peuvent exploser en une pleine floraison.

Neuvième étape

Neuvième Étape
Nous avons directement fait amende honorable à ces personnes dans tous les cas où c'était possible sauf lorsque cela pouvait leur nuire ou faire tort à d'autres.

Au cours de la Huitième étape, nous avons effectué notre liste; nous avons noté le tort que nous avons fait à chaque personne; et nous sommes devenus entièrement disposés à faire des amendes honorables à tous ces gens et à leur effectuer des remboursements en autant que nous pouvions le faire. À la Neuvième étape, il est recommandé que nous allions vers chacune de ces personne, et autant que possible, que nous leur faisons amende honorable directement, pourvu que cela ne les blesse pas ou ne blesse pas quelqu'un d'autre. Faire cela avec humilité nécessite un grand courage de notre part, dont, au départ nous pouvons avoir peur de manquer. Mais si nous nous souvenons que le manque de courage est la peur, et qu'à cette étape de notre progression, nous avons remplacé une grande part de nos peurs par la foi, alors le courage nous viendra. Tout ce que nous avons besoin de faire est de continuer sincèrement et humblement à le demander à notre Force Supérieure et éventuellement, lorsque nous serons vraiment prêts, nous réaliserons que nous avons le courage dont nous avons besoin pour accomplir ce travail.

La Neuvième étape nous rappelle aussi que nous avons besoin de faire preuve d'une prudence raisonnable en faisant des amendes honorables. Même lorsque le courage se présente, nous ne pouvons courir çà et là effrontément en rouvrant de vieilles plaies ou en exposant du linge sale, ce qui risque de blesser la personne à qui nous faisons amende honorable ou une tierce personne. Un exemple donné dans la littérature du Programme est celui d'un conjoint qui avait eu une ou plusieurs aventures extra-conjugales dans le passé et qui maintenant désirait faire amende honorable. La suggestion est que si sa conjointe n'est pas au courant de ces aventures — probablement un cas rare — le fait de les découvrir maintenant la blesserait inutilement. Dans ce cas, le conjoint ferait mieux de garder son amende honorable pour lui-même et de plutôt la faire indirectement en changeant son comportement, en démontrant plus d'affection à sa conjointe et en essayant honnêtement de reconstruire une relation maritale sans aucun doute détériorée.

Dans le cas plus fréquent où la conjointe est au courant des aventures de son conjoint, les amendes honorables directes peuvent être ce qu'il y a de mieux à faire, mais sans nommer ou impliquer les tierces parties dont la réputation peut être détruite si leur idendité est révélée.

Même dans ce cas, si la conjointe est dans son droit d'être curieuse et de demander des précisions à propos de l'identité de l'autre ou des autres femmes, il serait peut-être mieux de ne pas faire des amendes honorables directement afin d'éviter des blessures inutiles à ces femmes. Il n'y a pas une seule réponse à ces situations difficiles. Dans ces cas ou d'autres cas semblables impliquant des conséquences sérieuses telles que la perte potentielle d'un emploi, l'emprisonnement ou du tort à la famille de quelqu'un d'autre, chacun d'entre nous a à prendre ses décisions sur une base individuelle, peut-être après avoir consulté notre personne-ressource du Programme, un ami ou parent proche, un membre du clergé ou notre conseiller spirituel. La chose importante à garder à l'esprit est que nous ne devrions pas être détournés de l'idée de faire des amendes honorables par peur de nous-mêmes mais seulement par la possibilité réelle de blesser les autres. Nous aurons seulement à souffrir plus tard pour quelques «excuses» que nous nous faisons à nous-mêmes en ce moment. Notre manque de candeur ou de courage ou de dispositions pour cela ou quelque autre point dans le Programme, soit retardera notre croissance, soit nous empêchera d'aller plus loin. Ou, si ce manque de courage est assez sérieux, cela nous fera régresser, devenir émotionnellement malades, et, s'il se poursuit trop longtemps, nous ramènera une fois de plus sur le chemin de la folie, d'où nous sommes récemment venus.

D'occasionnels dérapages émotionnels ou spirituels, ou «rechutes» comme ils sont appelés dans le Programme, doivent être prévus, et ne doivent pas être confondus avec les régressions permanentes dans lesquelles ils pourraient croître si nous ne nous en rendons pas compte dès le début. Tel que le Programme nous le rappelle constamment, personne d'entre nous n'est un saint. Aucun Programme de développement émotionnel et spirituel ne peut s'attendre à être une route à sens unique sans jamais un revirement. Nous pouvons tous nous attendre à des revirements temporaires dans notre développement régulier, et après un moment, apprendre à les reconnaître comme des avertissements que nous oublions parfois. Peut-être avons-nous commencé à reprendre une partie de notre volonté de notre Force Supérieure et devons-nous retourner à la Troisième étape; ou probablement par inadvertance avons-nous délaissé une importante partie de notre inventaire et devons-nous retourner à la Quatrième étape; ou pensions-nous que notre inventaire avait été minutieux et que tout est écrit noir sur blanc, que nous avons un ou plus d'un défauts de caractère que nous aimons beaucoup trop et au sujet duquel nous ne pouvons lâcher prise, alors devons-nous retourner à la Sixième étape.

En fait, le Programme des Douze étapes en entier en est un de constante répétition et d'amélioration progressive.

La plupart d'entre nous avons besoin de retourner à chacune des étapes encore et encore comme nous continuons notre cheminement de croissance pendant toute notre vie. Après une première fois, les étapes n'ont plus besoin d'être revues dans l'ordre, mais comme nous grandissons, nous sommes plus capables de nous faire face.

Comme nous découvrons et redécouvrons de nouvelles facettes de nous-mêmes, bonnes et mauvaises, en vivant notre quotidien, nous avons besoin d'appliquer une ou plus d'une des étapes suggérées pour nous garder et garder notre vie en perspective et sur le chemin d'un plus grand développement spirituel.

Une fois la Neuvième étape terminée, nous complétons la phase du ménage personnel de ce Programme. Les paroles du «Gros Livre» des Alcooliques Anonymes expriment le mieux ce à quoi nous pouvons nous attendre à ce moment et même avant. Celles-ci sont appelées les Douze promesses du Programme :

• Si nous nous efforçons de bien faire ce qu'il faut faire pendant cette période, nous serons stupéfaits, même avant d'avoir complété la moitié de notre tâche.

• Nous connaîtrons une nouvelle liberté et un nouveau bonheur.

• Nous ne regretterons pas le passé, mais nous ne voudrons pas l'oublier non plus.

• Nous comprendrons ce que veut dire le mot sérénité et nous connaîtrons la paix.

• Peu importe jusqu'à quel degré nous sommes descendus, nous verrons comment notre expérience peut profiter aux autres.

• Cette idée d'inutilité et d'apitoiement sur notre sort disparaîtra.

• Nous perdrons intérêt aux actions égoïstes et nous nous intéresserons davantage au sort de nos compagnons.

- Notre égoïsme disparaîtra.

- Nos attitudes et notre façon de voir la vie changeront complètement.

- La crainte des gens et la crainte de l'insécurité économique nous quitteront.

- Nous saurons intuitivement comment réagir dans les situations qui d'habitude nous déroutaient.

- Nous nous rendrons compte tout à coup que Dieu accomplit pour nous ce que nous ne pouvions pas faire pour nous-mêmes.

Est-ce que ce sont des promesses extravagantes ? Nous ne croyons pas. Elles s'imprègnent en nous — quelquefois rapidement, quelquefois lentement. Elles se matérialiseront toujours si nous les travaillons. (Alcooliques Anonymes, p. 103).

Dixième
étape

Dixième Étape
Nous avons poursuivi notre inventaire personnel et avons promptement admis nos torts dès que nous nous en sommes aperçu.

Ayant complété notre ménage de base, essentiel à un développement spirituel ultérieur, nous sommes maintenant prêts pour les phases de maintien, de soutien et de croissance du Programme — la Dixième, la Onzième et la Douzième étapes. Nous avons mentionné que le développement spirituel est le processus de toute une vie; certains d'entre nous croient qu'il continue au-delà de la vie terrestre, mais ceci est une opinion tout à fait personnelle.

Le Programme des Douze étapes exposé ici est le programme de toute une vie pratiqué par la plupart d'entre nous sur une base quotidienne, un jour à la fois. Cette affirmation peut gêner ceux qui pensent à l'éducation et au développement comme à une affaire à court terme. Nous passons à travers douze ou seize ou vingt ans d'école; puis c'est fait. Nous allons chez le médecin pour nous faire soigner, et lorsque les symptômes de la maladie disparaissent, nous sommes guéris. Ou nous consultons le psychiatre, pour un ou cinq ou dix ans, et puis nous sommes bien. En fait, comme nous ne finissons jamais notre éducation intellectuelle et notre développement émotionnel, nous ne complétons jamais notre développement spirituel non plus. Même si nous nous faisons croire que nous avons terminé, tous ces processus de croissance sont sans limites. Ils se poursuivent aussi longtemps que nous sommes disposés à les laisser croître. Nous pouvons certainement les arrêter et nous les arrêtons, mais seulement au risque de morts prématurées au moins spirituellement et émotionnellement, et souvent même physiquement; ou au risque de vivre longtemps une vie ennuyeuse ou misérable.

Plusieurs d'entre nous sommes complaisants — nous voulons juste assez de développement émotionnel et spirituel pour nous rendre raisonnablement confortables — puis nous disons : «C'est assez! Maintenant je peux me reposer.»

Nous cessons de fréquenter les groupes de soutien. Toutes sortes d'autres activités viennent s'interposer avec les heures de nos groupes de soutien, et celles-ci semblent plus importantes que les groupes de soutien du Programme. Ou nous sommes trop fatigués pour y participer ou c'est trop loin pour s'y rendre. Ou encore nous commençons à être critiques en regard des groupes de soutien; ils ne nous apportent pas ce qu'ils nous ont déjà apporté; ils sont devenus monotones, ennuyeux, répétitifs; nous avons entendu cela mille fois et «le connaissons» par coeur. Nous sommes tous passés à travers des moments comme ceux-ci, et ils durent souvent des semaines ou des mois. Quelques-uns d'entre nous abandonnons complètement. Mais ceux d'entre nous qui avons abandonné nous sommes éventuellement aperçus que nous ne nous sentions pas aussi bien qu'auparavant; nous sommes devenus irritables, colériques et négatifs dans nos attitudes comme nous l'avions déjà été. Quelques-uns d'entre nous peuvent même développer une ou deux dépressions, ou quelques nouveaux symptômes peuvent se présenter ou d'anciens peuvent éclore à nouveau.

Nous commençons alors à nous demander si peut-être ces nouvelles menaces à notre sérénité et à notre santé mentale peuvent être le résultat de nos absences aux groupes de soutien, du fait de ne pas pratiquer le Programme sur une base quotidienne — et par-dessus tout d'avoir dérapé dans notre propre honnêteté. Nous n'étions pas certains et ne voulions pas le croire, mais nous avons décidé d'y voir clair. Nous sommes retournés à un groupe de soutien — et la chaleur, l'enthousiasme et la joie avec lesquels nous fûmes accueillis par nos vieux amis, sans jamais une critique en regard de notre absence, furent suffisants pour immédiatement nous rappeler que nous avions attendu trop longtemps avant d'y revenir. L'exhaltation émotionnelle et spirituelle que nous avons ressentie durant le groupe de soutien a effacé une grosse partie de l'effondrement négatif dans lequel nous étions enlisés — et nous avons su que nous étions de retour sur la bonne voie, cheminant une fois de plus vers un plus grand développement spirituel et par la même occasion vers une meilleure santé mentale et vers la sérénité.

Nous trouvons qu'il est extrêmement difficile de «dormir sur nos lauriers» dans ce Programme. Si nous faisons cela, non seulement dérapons-nous vers l'arrière, mais une fois que nous sommes en contact avec l'énergie intérieure qui nous propulse vers Dieu ou vers notre propre divinité, il est difficile, sinon impossible, de l'ignorer. Nous sentons constamment une force intérieure douce et gentille nous incitant à continuer — à nous développer de plus en plus, à croître spirituellement — un jour à la fois — au-delà de toutes frontières imaginables.

Pour comprendre notre besoin continuel de développement spirituel, il peut être utile d'établir une ressemblance entre le développement spirituel et la nutrition. Tout comme notre corps a besoin d'être nourri, le développement spirituel doit être alimenté et complété chaque jour de notre vie. Si nous ne nous nourrissons pas plusieurs fois chaque jour, notre estomac nous le laisse savoir d'une manière évidente. Puisque nous sommes une société orientée sur le physique et le matériel, nous avons appris à répondre d'une façon exagérée aux messages affamés de notre estomac; nous outremangeons. De la même façon, notre corps nous signale souvent le besoin de nourriture spirituelle, mais n'étant pas orientés spirituellement, nous ignorons ces messages ou les interprétons d'une autre façon.

Les ulcères, coliques, éruptions cutanées et plusieurs autres ennuis de santé peuvent être interprétés comme de tels messages. Nous entendons parler de plus en plus de nos jours de ces maladies psychosomatiques. Plusieurs médecins attribuent certaines maladies à des causes psychologiques ou émotionnelles. La médecine holistique bénéficie d'une reconnaissance croissante. Nous pouvons maintenant commencer à voir la relation qui existe entre notre corps et notre côté spirituel. Avec un développement spirituel suffisant, nous commençons à avoir plus de choix pour nous-mêmes que de développer des ulcères, par exemple. Avec un développement spirituel suffisant, nous nous apercevons que nous devons prendre soin de nous non seulement matériellement avec la nourriture, l'argent et le confort matériel, mais aussi émotionnellement et spirituellement sur une base quotidienne. Nous commençons à nous apprécier et à nous aimer comme des êtres humains entiers. Nous commençons à être en mesure de faire la différence entre les limites à court terme qui peuvent nous procurer des défis émotionnels temporaires, et une nourriture émotionnelle et spirituelle plus permanente qui contribue à notre croissance à long terme. Nous ne sommes plus contraints de nous placer dans des situations où le stress sera assez élevé pour nous causer des ulcères ou d'autres maladies; ou, si nous ne pouvons éviter totalement de telles situations, nous pouvons leur faire face avec sérénité afin que l'ulcère ou la maladie ne se développe pas. Avec l'aide de notre Force Supérieure, nous sommes en mesure de lâcher prise et de nous abandonner à Dieu afin que le stress en nous soit minimisé. À travers la pratique des neuf premières étapes, nous réalisons lentement que nous avons besoin de notre nourriture spirituelle quotidienne autant que nous avons besoin de notre nourriture corporelle. Et c'est ce dont traitent les Dixième, Onzième et Douzième étapes. La pratique quotidienne de la Dixième étape maintient notre honnêteté, sans laquelle nous ne pouvons avoir d'humilité, sans laquelle nous ne pouvons avoir la nourriture spirituelle quotidienne dont nous avons besoin pour la poursuite de notre développement.

Le Programme suggère trois sortes de démarches d'inventaires. L'inventaire «point de vérification» est une fréquente courte revue de nos actions, pensées et intentions faite plusieurs fois par jour lorsque le besoin survient lors de nos activités et relations avec les autres. Son intention première est de nous pourvoir d'une conscience continuelle de nous-mêmes sur une base momentanée, afin que nous puissions maintenir les deux, l'honnêteté si nécessaire pour le soutien et la croissance de l'humilité, et la libération de la culpabilité que nous avons acquise en pratiquant les Étapes Quatre à Neuf.

Puisque la culpabilité est l'un des grandes obstacles au développement spirituel, nous devons nous en libérer si nous désirons continuer à croître et à éviter la régression qui mène à la folie. La façon de demeurer sans culpabilité n'est pas la sainteté ou un comportement déifié de ne jamais commettre d'actions répréhensibles — puisque nous ne sommes ni saints ni Dieu — mais de faire des inventaires fréquents, et lorsque nous nous trouvons dans l'erreur, de l'admettre rapidement. Nous ne disons pas la vérité et n'admettons pas nos torts pour l'amour des autres, comme la plupart d'entre nous l'avons appris étant enfants, mais pour notre propre bien — afin de maintenir notre santé mentale et notre sérénité, et pour poursuivre notre processus de développement dans un minimum de temps.

La plupart d'entre nous qui faisons de fréquents inventaires «point de vérification» sentons que nous en faisons assez — nous n'avons pas besoin des inventaires additionnels quotidiens recommandés dans le Programme. Mais ces revues quotidiennes de toutes les activités de la journée, normalement faites à la fin de la journée juste avant de s'endormir, desservent des objectifs différents et complémentaires. Pour l'un, elles nous rappellent que c'est un Programme quotidien, vécu un jour à la fois. L'inventaire quotidien nous garde concentré sur aujourd'hui et tend à nous éviter la crainte du futur et le regret du passé. Un inventaire quotidien, fait honnêtement et objectivement, nous rappelle chaque jour que ce qui compte c'est aujourd'hui. Nous faisons ces inventaires d'une façon qui ressemble beaucoup à celle que nous avons utilisée à la Quatrième étape, sauf que maintenant nous ne tenons compte que d'une journée au lieu de tenir compte de notre vie antérieure entière. Nous essayons de ne pas juger nos actions ou nos motifs trop sévèrement, mais si nous devons juger absolument, nous essayons de ne pas nous condamner ou nous punir. Nous admettons nos torts, mais nous punissons seulement pour faire des amendes honorables, si nécessaire, et en essayant de faire mieux la prochaine fois. Nous nous souvenons que le progrès n'est pas fait de punition mais d'amour, parce que la punition apporte la peur, le ressentiment et la vengeance, alors que l'amour apporte l'acceptation, la coopération et la joie. Cette déclaration vaut pour notre attitude envers nous-mêmes aussi bien qu'envers les autres.

L'attitude d'un observateur impartial dont nous avons discuté auparavant peut aussi être très utile ici. Nous nous observons comme si nous passions en revue quelqu'un d'autre, et essayons de compléter notre revue avant de commencer à évaluer. Notre rôle de «tierce partie» nous rend plus objectifs à notre sujet, puisque notre mécanisme de défense rend plus facile la vision des fautes chez les autres que chez nous-mêmes. Ce rôle nous aide aussi à être plus indulgents envers nous-mêmes, puisque, de la même façon, il est plus facile d'accepter les fautes des autres que les nôtres. Lorsque la revue est complétée, nous l'évaluons, et lorsque nous trouvons que nous sommes dans l'erreur, ou même partiellement dans l'erreur, nous l'admettons promptement. Si des amendes honorables sont nécessaires, nous les faisons le jour suivant si possible, à moins qu'elles puissent nuire à quelqu'un d'autre.

Un autre avantage de l'inventaire quotidien comme complément au «point de vérification» est que celui-ci est normalement fait en vitesse, à la course. Nous n'avons pas souvent le temps durant la journée de trouver le réel motif derrière une certaine action. Nous pouvons y remédier en faisant notre inventaire quotidien calmement dans un endroit paisible, où nous ne nous sentons pas bousculés par la pression des événements ou une demande de services. Plusieurs parmi nous trouvons que de le faire au lit, juste avant de s'assoupir, est très rafraîchissant et conduit à une bonne nuit de sommeil avec une conscience éclairée.

En plus de l'inventaire «point de vérification» et des inventaires quotidiens, le programme en suggère de périodiques couvrant une plus longue période. Encore, ceci peut-il sembler superflu si nous sommes rigoureux à propos de nos inventaires quotidiens, mais le principal avantage de ceux qui couvrent une plus longue période est qu'ils nous donnent une chance d'examiner notre progrès spirituel d'une meilleure perspective. Il nous est habituellement tout à fait impossible de voir quelque progrès en nous-mêmes au jour le jour, spécialement parce que nous avons des hauts et des bas émotifs et spirituels. Mais sur une plus longue période — six mois ou un an — nous pouvons habituellement y voir des progrès remarquables, si nous nous arrêtons pour regarder. Nous trouvons que nous ne sommes plus anxieux à propos de plusieurs choses qui nous troublaient au moment de notre inventaire précédent. Notre compréhension spirituelle et émotionnelle s'est considérablement élargie. Nous pouvons avoir commencé à faire des choses auxquelles nous avons pensé pendant des années et continuellement mises de côté parce que nous pensions que nous ne pouvions les faire et avions peur d'essayer (ex. écrire ce livre).

Ce progrès, basé sur l'honnêteté, l'humilité et la croyance en une Force Supérieure, nous donne invariablement une bonne dose de satisfaction inégalée par quoi que ce soit dont nous avons fait l'expérience auparavant. Mais nous devons aussi être sur nos gardes pour que cela ne regonfle pas notre ego ou ne rebâtisse pas la fausse confiance en soi que nous avions avant, confiance basée sur soi plutôt que sur Dieu. Nous faisons cela en nous rappelant toujours qui nous sommes, d'où nous venons, et le fait que si nous arrêtons de pratiquer et d'essayer de vivre ce Programme, nous retournerons directement dans ce même abîme encore une fois.

Nos inventaires à long terme nous donnent aussi une chance de repérer les secteurs problèmes sur lesquels nous avons travaillé pour une période de temps considérable, sans pour autant faire de progrès. En devenant plus conscients de ceux-ci, nous pouvons y concentrer notre attention, passer en revue ce que nous avons fait, essayer de déterminer pourquoi cela n'a pas progressé, et demander à Dieu de nouvelles solutions. Peut-être ne sommes-nous pas prêts à remettre à Dieu un certain défaut de caractère, ou peut-être que dans nos inventaires précédents nous ne sommes pas encore devenus assez honnêtes pour en identifier le véritable motif; ou possiblement y trouvons-nous de tous nouveaux défauts de caractère nés de nouvelles expériences. Si nous sommes promus dans notre travail, par exemple, nous pouvons trouver que l'augmentation des responsabilités crée une plus grande anxiété. Nous devons l'assumer et y appliquer les principes du Programme comme dans tous les autres secteurs de notre vie.

Premièrement, nous admettons que nous sommes impuissants face à cette anxiété. Nous savons que nous ne pouvons la balayer, l'éliminer, nous en débarrasser, ou la liquider avec de l'alcool, des pilules, ou d'autres drogues. De nous-mêmes, nous sommes impuissants à faire quoi que ce soit à son sujet. Quelques-uns d'entre nous peuvent encore ne pas en être convaincus, et essayer toutes les méthodes ci-haut décrites, et certaines autres aussi; mais éventuellement nous trouvons tous que nous sommes impuissants par rapport à cette émotion comme par rapport à toutes les autres.

Mais nous pouvons rechercher l'aide de notre Force Supérieure pour nous aider à nous en tirer. Nous pouvons prendre la décision de remettre cette anxiété et notre volonté à cet égard aux soins de notre Dieu, tel que nous

Le concevons. Nous pouvons faire un inventaire à ce sujet. Pourquoi sommes-nous si anxieux ? Peut-être est-ce la peur que nous ne serons pas en mesure d'exécuter le travail, que nous ne serons pas capables d'exercer notre jugement et de prendre les décisions que l'on nous demande. Ou peut-être sommes-nous inquiets à propos de la perte de notre estime de soi et de l'estime des autres, dans le cas où nous pouvons être remplacés, congédiés, ou «tablettés». Peut-être qu'à cause de cette anxiété, nous avons été d'une humeur colérique et irritable avec notre famille à la maison et avec nos camarades de travail.

Nous continuons à nous questionner à propos de cette anxiété jusqu'à ce que nous soyons sûrs d'avoir découvert les véritables causes de l'anxiété et de tout le mal que nous avons causé. Alors nous discutons de tout ceci avec une autre personne en laquelle nous avons confiance et essayons de devenir prêts et pleinement consentants à voir cette anxiété éliminée. Pour y arriver, nous pouvons avoir à développer une toute nouvelle attitude par rapport à notre travail. Nous pouvons en venir à réaliser que nous lui donnons trop d'importance. C'est vrai, nous pouvons avoir besoin de gagner notre vie afin de supporter notre famille, mais avons-nous à le faire particulièrement de cette manière ? Nous devons nous demander en toute honnêteté si nous nous sentons compétents pour cet emploi. Si la réponse est non, peut-être devons-nous songer à devenir compétents à travers plus d'apprentissage, de l'éducation ou de l'expérience supplémentaire. Toutes ces démarches peuvent réduire l'anxiété que nous ressentons. Si cette anxiété est «normale», telle que ressentie par chacun face à une nouvelle situation, peut-être nous en faisons-nous trop. Possiblement devons-nous attendre et voir si elle s'appaise avec le temps. Nous avons aussi besoin d'être conscients que l'anxiété que nous ressentons, si elle est trop forte, peut être la cause de notre manque de performance, et que nos peurs peuvent devenir de fausses révélations qui se régénèrent d'elles-mêmes. Afin d'être prêts à ce que Dieu élimine ces peurs, nous avons besoin de nous concentrer sur aujourd'hui et de faire du mieux que l'on peut dans cet emploi aujourd'hui.

Nous devons réaliser que nos peurs sont toutes en fonction du futur; nous sommes inquiets à propos des résultats de notre performance au lieu de concentrer nos efforts à donner la meilleure performance que nous pouvons de nous-mêmes aujourd'hui. Ceci est souvent appelé dans le Programme «Être dans le département des résultats», et c'est là où l'on ne peut se permettre d'être. Quand nous essayons de prédire les résultats ou en avons peur, nous faisons le travail de Dieu. Notre travail est de faire ce que nous avons à faire aujourd'hui du mieux que nous le pouvons, et de laisser les résultats à notre Force Supérieure. Si nous tentons de prédire le résultat ou de manipuler les événements afin d'obtenir un résultat en notre faveur, nous nous réapproprions notre volonté et rejetons l'aide de notre Force Supérieure. Peut-être n'avons-nous pas encore assez confiance en Elle, et avons-nous besoin de plus de travail sur les Deuxième et Troisième étapes.

Si nous voulons sincèrement que Dieu élimine notre anxiété à propos de notre emploi, alors nous devons être disposés à l'accepter, quel que soit le résultat qu'Il décide pour nous. Si Sa volonté est que nous ne devrions pas occuper cet emploi, alors nous le perdrons quoi que nous fassions, mais si nous pratiquons notre Programme, nous saurons qu'il y a une raison pour laquelle nous l'avons perdu — une leçon que nous devons apprendre à notre sujet et que nous ne pouvions apprendre d'aucune autre façon. Si cela se produit, c'est tout à fait comme si Dieu avait quelque chose d'entièrement différent d'emmagasiné pour nous — un emploi plus approprié à nos propres talents, apprentissages, capacités, ou personnalité que celui que nous avons perdu. S'il en est ainsi, perdre l'emploi était une bénédiction déguisée. C'était Sade nous guider là où nous voulions être de toute façon.

En regardant en arrière dans notre vie passée, nous pouvons voir plusieurs exemples d'une telle orientation, même lorsque nous n'étions pas prêts à accepter la volonté de Dieu pour nous.

La seule différence entre maintenant et alors est que sans le Programme et une croyance en une Force Supérieure, nous avons vu plusieurs de ces événements comme des souffrances et des malchances ou comme des coïncidences heureuses — alors que maintenant, lorsqu'un changement inattendu de cette nature survient, nous réalisons que nous avons dû aller sur la mauvaise voie, et que notre Force (Intérieure) Supérieure nous remet sur le bon chemin.

Lorsque nous sommes pleinement consentants à accepter le résultat de n'importe quelle action — quelle qu'elle puisse être — sans souci, désir, attente, ou manipulation de notre propre résultat, nous avons alors «pleinement consenti à ce que Dieu élimine» notre anxiété ou un autre défaut. À ce point, l'anxiété disparaît, souvent sans que nous ayons à en faire une demande «explicite» à Dieu. Il/Elle (notre Soi Intérieur) sait que nous sommes consentants, et agit sans demande explicite de notre propre conscience.

Onzième
étape

Onzième Étape
Nous avons cherché par la prière et la méditation à améliorer notre contact conscient avec Dieu tel que nous Le concevions, Le priant seulement pour connaître Sa volonté à notre égard et pour obtenir la force de l'exécuter.

Comme la Dixième étape guide continuellement notre honnêteté afin d'assurer la progression de notre développement émotionnel, la Onzième et la Douzième étapes nous donnent les outils avec lesquels nous assurons notre continuel développement spirituel. La Onzième étape suggère que nous essayons d'améliorer notre contact conscient avec notre Force Supérieure. Elle nous dit plus loin que nous devrions le faire à travers la prière et la méditation, et troisièmement, elle suggère comment nous devrions prier. Plusieurs d'entre nous croyons que notre

Force Supérieure est au moins en partie à l'intérieur de nous, et d'une certaine façon qu'elle est synonyme de notre Soi Intérieur, notre Soi Supérieur, ou Centre Spirituel. C'est Dieu pour ceux qui parmi nous Le comprennent de cette façon. Si c'est ainsi, comment communiquons-nous avec ce Dieu ? Si Dieu est réellement en nous, Il est dans notre inconscient, ou dans notre super-conscience, qui est la «plus haute» partie de notre inconscient. Si cela est vrai, alors inconsciemment nous sommes en communication avec Dieu à tout moment, que nous soyons éveillé ou endormi, au travail ou au jeu, en réflexion ou en méditation.

Plusieurs parmi nous croyons, toutefois, que nous avons une quantité énorme de barrières conscientes, aussi bien que de barrières inconscientes, qui nous gardent conscients de cette communication avec notre Force Supérieure. Il n'y a pas beaucoup de choses que nous pouvons faire au sujet des barrières inconscientes. Nous sommes mieux de les laisser à notre Force Supérieure. Nous trouvons que si nous essayons de travailler avec celles qui sont conscientes, celles avec lesquelles nous pouvons faire quelque chose, notre Force Supérieure prend soin de celles qui sont inconscientes, même si nous ne pouvons pas savoir comment Elle le fait. Le plus incrédule d'entre nous sera même tenté de dire «qu'elles prendront soin d'elles-mêmes». Il peut nous sembler aussi qu'elles prennent soin d'elles-mêmes; elles cassent ou disparaissent, mais en réalité notre Force Supérieure travaille pour nous en tout temps. Si nous donnons notre consentement, Elle fait ce travail pour nous sans que notre être ne s'en préoccupe. Nous croyons que notre travail est d'éliminer nos barrières conscientes afin que nous puissions ouvrir un canal de communication dans les deux sens avec notre Force Supérieure et, consciemment, entraver Son travail au niveau inconscient — en d'autres mots, afin que nous puissions communiquer avec notre inconscient ou notre superconscient. Ce maillon de communication dans les deux sens est tout ce qui compose la Onzième étape.

Il est dit dans le Programme que la prière demande l'aide de Dieu et que la méditation écoute la réponse. Selon la terminologie espace-âge, la prière est «le maillon du haut» nous conduisant à notre Force Supérieure, alors que la méditation ouvre «le maillon du bas» à travers lequel nous recevons la direction et l'aide de notre Force Supérieure. Nous sommes tous familiers avec les barrières conscientes dont nous avons parlé plus haut. Elles sont notre incrédulité en Dieu; notre incrédulité dans l'efficacité de la prière; notre sensation de bêtise lorsque nous prions ou méditons parce que nous ne savons pas si quelqu'un nous entend et avons l'impression que nous parlons dans le vent; notre hostilité envers Dieu parce qu'Il permet cruauté et souffrance à travers le monde; le sentiment de notre propre faiblesse ou humilité lorsque nous considérons Dieu, sentiment qui va à l'encontre de l'image de force que tant d'entre nous nous construisons; notre croyance que la prière et la méditation sont des activités «inutiles ou impratiquables», ou pas du tout des activités et plutôt une perte de temps. Nous pouvons nommer plus d'un million de ces barrières conscientes. La clé pour casser ces barrières, comme nous l'avons déjà dit plusieurs fois, est la bonne volonté. «Je ne veux pas» ou «Je ne peux pas» ne changera rien. Cela rendra seulement les barrières plus élevées. «Peut-être que je peux» ou

«J'essayerai» fera des miracles. Ça l'a fait pour nous. Ça peut le faire pour vous.

Laissons présumer que nous y sommes disposés. Comment nous y prenons-nous ? Comment prions-nous ? Comment méditons-nous ? Pourquoi prions-nous ?

La plupart d'entre nous, si on nous a enseigné à prier, avons commencé avec «Maintenant, je m'étends pour dormir et prier le Dieu de mon âme. Si je devais mourir avant de m'éveiller, je prie Dieu de sauver mon âme» avant même que nous comprenions ce que les mots signifient. Peut-être que nous avions une vague idée de Dieu comme d'un vieil homme avec une longue barbe blanche là-haut dans le ciel quelque part, peut-être dans quelque sorte de palais de conte de fées derrière de merveilleuses clôtures perlées. Probablement tout aussi vaguement, savions-nous qu'une âme était quelque chose en dedans de nous, mais n'étions-nous pas tout à fait certains de ce que c'était. Mais maman et papa voulaient que nous récitions cette prière chaque soir pour que ce Dieu imprécis nous aime, et alors nous l'avons fait parce que nous étions supposés le faire, ou qu'on nous avait dit de le faire, ou rappelé de le faire. Et souvent nous pouvons y avoir puisé un certain sentiment de sécurité, un bon sentiment à l'effet que tout était bien dans le monde si nous récitions notre prière — et que d'une façon ou d'une autre lorsque nous disions «Dieu bénisse maman et papa» et possiblement y ajoutions une longue liste de connaissances et d'amis à la fin, cela signifiait que Dieu prendrait soin de ces personnes et les protégerait, alors nous serions protégés et sécurisés et jamais laissés seuls.

Mais pour plusieurs d'entre nous, il n'en était pas toujours ainsi. Malgré notre prière «Dieu bénisse maman et papa» des mamans et des papas sont morts, ou sont partis et ne sont jamais revenus. Peut-être que pour certains d'entre nous, ce fut le commencement de nos doutes au sujet de Dieu — la perte d'un être aimé, malgré nos prières à Dieu de les bénir et de les protéger. Peut-être que dans quelque profonde noire crevasse de notre inconscient nous sommes-nous nous-mêmes sentis responsables. Nous n'avions peut-être pas prié assez fort pour que Dieu nous entende; peut-être Dieu était-il «correct» après tout, mais que nous n'étions pas «corrects». Pour plusieurs d'entre nous, ça peut avoir été le commencement d'une culpabilité avec laquelle nous avons vécu depuis — une culpabilité artificielle, fabriquée, qui néanmoins fut un fardeau continuel, incessant, sur notre dos. Des culpabilités telles que celles-ci, et plusieurs autres, ont empêché notre croissance émotionnelle et spirituelle, qu'autrement nous aurions appréciée.

Mais la plupart d'entre nous avons bientôt changé notre prière de bébé afin de demander des choses matérielles. «Mon Dieu, fais que le Père Noël m'apporte une nouvelle bicyclette pour Noël», ou «Mon Dieu, s'il te plaît, débarrasse-moi de mes points noirs». Ces prières personnelles ou égoïstes en réalité, pouvaient être sans fin. Si elles étaient satisfaites, nous étions évidemment encouragés et nous nous essayions pour de plus importantes et meilleures demandes. Éventuellement, elles devinrent des exigences jusqu'à ce qu'elles ne puissent plus être satisfaites plus longtemps, comme les exigences égoïstes ne le sont jamais, à moins qu'il y ait une leçon que nous ayons à apprendre en obtenant ce que nous demandions. Comme de moins en moins de prières et de demandes furent satisfaites, nous sommes devenus désenchantés de Dieu. Ou bien nous a-t-Il oubliés parce que nous étions méchants, raisonnions-nous, ou bien Il n'existe pas du tout. Après tout, le Père Noël n'était pas réel lui non plus. Pourquoi Dieu devrait-il être plus réel ? Et ainsi les barrières conscientes furent installées.

Plusieurs d'entre nous avons trouvé à redire avec la Bible. Après tout, Darwin n'a-t-il pas prouvé le contraire? Et qu'en est-il alors au sujet de tout ce drôle de langage dans la Bible que personne ne peut comprendre — tous ces «Tu» et «Ton» et «Vérités» et «Il vint à passer» ? Nous ne pouvions être dérangés. Il y avait trop de choses excitantes à faire dans la vie pour passer autant de temps à penser à quelque Dieu qui pourrait même ne pas exister. Nous avons reçu trop de conditionnement autour de nous — de notre environnement matérialiste commercial/institutionnel — pour jamais réellement nous questionner sur la bonne façon de prier. Tous les autres faisaient la même chose que nous, alors nous devions être dans la bonne voie. Autrement, qui d'autre pouvions-nous prier ? Une prière est une prière, pensions-nous.

Mais la Onzième étape suggère autre chose. Elle nous dit de prier pour deux choses et seulement pour deux choses. La connaissance de Sa volonté à notre égard et la force de l'exécuter.

Comme c'est étrange! Est-ce que Dieu a une volonté à notre égard après tout ? Est-ce que Dieu se soucie de ce que nous faisons ? Ne nous a-t-il pas oubliés ou abandonnés ?

La Onzième étape est une suite directe de la Troisième où nous avons décidé de confier notre volonté et notre vie aux soins de Dieu tel que nous Le concevions. Depuis que nous avons décidé de Lui confier notre volonté et notre vie, nous n'avons plus de volonté — au moins pas pour diriger, gérer, ou guider notre propre vie ou celle de qui que ce soit. Il est réconfortant de savoir que notre Force Supérieure a une volonté pour nous, et qu'Elle nous «dira» ce qu'elle est, si nous le demandons. Mais il y a une attrape. Dieu ne nous dira pas tout en une seule fois. Il ne nous dira pas :

«Maintenant assieds-toi ici, Joe ou Jeanne, et je te donnerai deux heures de conférence sur ma volonté à ton égard pour le reste de ta vie». Pour la plupart, Il ne semble pas travailler de cette façon. L'un des slogans les plus importants de ce Programme, que nous avons déjà répété plusieurs fois, est «Un jour à la fois».

Il nous semble que ce soit la meilleure façon de vivre notre vie, et que c'est la façon dont nous devons demander conseil à Dieu — un jour à la fois, chaque jour de notre vie. Voilà ce qui explique la raison d'une prière quotidienne ou d'une prière plusieurs fois par jour. Non pas que nous ayons besoin d'un constant rappel que Dieu existe, ou qu'Il nous demande de Lui rendre hommage, mais pour que notre santé mentale, notre sérénité, et notre développement spirituel se poursuivent, nous avons besoin de la direction quotidienne ou plus fréquente de notre Force Supérieure — de notre Propre Intérieur. C'est la façon dont nous cassons les barrières de la conscience qui nous empêchent de communiquer avec notre Force Supérieure, et soyez certains que, une fois cassées, elles le demeurent.

Nous savons, bien sûr, que cette suggestion d'une prière quotidienne fait partie de chaque religion connue. Les Musulmans prient cinq fois par jour, où qu'ils puissent se trouver. Ils étendent simplement leur tapis de prière et récitent les prières indiquées dans le Coran. Si nous avons été, ou sommes encore, un membre d'une secte religieuse ou d'une Église, le Programme suggère que nous pourrions désirer y retourner lorsque nous serons prêts. Mais que nous y retournions ou pas est entièrement notre propre affaire et n'a rien à voir avec le Programme. Notre expérience nous dit que nous pouvons prier aussi bien à la maison, à l'église, dans une salle de réunion bondée que dans une auto. Le plus important pour nous est de prier, quotidiennement ou plus fréquemment; et, lorsque nous prions, de demander seulement de connaître Sa volonté à notre égard et d'obtenir la force de l'exécuter.

La deuxième partie de cette prière est aussi importante que la première. Si nous obtenons la force d'exécuter la volonté de Dieu, nous devons demander la force de le faire — ou autrement nous demeurerons paralysés, incapables d'agir. À la Première étape, nous avons admis que nous étions impuissants face à nos émotions, nos compulsions, nos dépendances et toutes nos névroses. De plus, la plupart d'entre nous trouvons que tôt ou tard, si nous avons voulu que ce Programme fonctionne pour nous, nous avons eu à abandonner complètement, ce qui inclut tout notre pouvoir sur les gens, les lieux et les choses, et souvent nous-mêmes. Nous ne pouvions pas conserver un brin de pouvoir personnel parce que nous ne savions pas comment l'utiliser sagement ou même efficacement.

À la Troisième Étape, nous avons décidé de confier notre volonté et notre vie aux soins de Dieu tel que nous Le concevions, et encore nous avons trouvé qu'éventuellement nous avons eu à confier toute notre volonté et toute notre vie aux soins de Dieu, tel que nous Le concevions, parce qu'utilisant notre propre volonté, nous ne pouvons administrer notre propre vie à notre bénéfice réel, à long terme ou à celui de quelqu'un d'autre. Étant laissés ainsi sans pouvoir et sans volonté, nous sommes impuissants à faire quoi que ce soit sans l'aide de Dieu, ce qui est exactement la façon dont nous pensons que ce devrait être. Puis à la Onzième étape, et habituellement un peu avant, nous demandons à notre Force Supérieure la force d'exécuter Sa volonté, et cette force seulement. Nous n'en voulons pas encore d'autre parce que nous ne saurions pas encore quoi en faire. Cela signifie que nous demandons à Dieu la force et le courage de faire notre inventaire à la Quatrième étape, d'en discuter pleinement avec un autre être humain à la Cinquième étape, et de pleinement consentir à ce que Dieu élimine tous nos défauts de caractère à la Sixième étape.

Cela signifie aussi que nous demandons à Dieu la volonté d'être prêt à essayer de travailler le Programme, la volonté de le choisir plutôt que notre propre volonté, et même la volonté de prier lorsque nous commençons à faiblir. Aussi longtemps que notre force et notre volonté proviennent de Dieu, nous sommes bien. Lorsque nous commençons à les remplacer par les nôtres, ou à Lui demander plus que seulement ce dont nous avons besoin pour exécuter Sa volonté, alors commencent les problèmes.

Plusieurs d'entre nous, chaque matin au lever, demandons à notre Force Supérieure, à notre propre façon, de nous communiquer la connaissance de Sa volonté pour ce jour et la force de L'exécuter. Puis nous méditons pendant plusieurs minutes, attendant ou cherchant la réponse. Elle ne vient pas toujours lors de notre méditation, mais habituellement peu de temps après; puis nous nous préparons à accomplir la volonté de Dieu. Nous sommes disposés à répéter cela plusieurs fois par jour particulièrement lorsque nous devenons confus, irritables, ou nerveux ou lorsque nous sommes confrontés à des tâches ou à des décisions difficiles. Plusieurs d'entre nous le répétons en fonction des circonstances, simplement à cause du rafraîchissement, du réconfort et du calme que nous en retirons.

Quelles autres prières pouvons-nous utiliser dans ce Programme ? En réalité, toute prière qui nous réconforte, avec seulement un mot de précaution : que ce ne soit pas une prière pour notre seul gain égoïste. Nous pouvons, bien entendu, continuer à utiliser de telles prières, comme plusieurs d'entre nous l'avons fait dans le passé — il n'y a personne pour nous l'interdire ou nous punir si nous le faisons. Mais nous trouvons qu'avec de telles prières nous nous punissons souvent parce qu'elles n'ouvrent pas «le maillon supérieur» du canal de communication que nous cherchons, et nous nous privons alors de l'aide de Dieu, dont nous avons désespérément besoin. Il y a deux prières très populaires dans le Programme. L'une est la Prière de la Sérénité; l'autre le Notre-Père. La Prière de la Sérénité est si belle que nous la reproduisons ici sous la forme abrégée adoptée par tous les membres des Douze étapes :

Mon Dieu donne-moi la sérénité
D'accepter les choses que je ne peux changer
Le courage de changer les choses que je peux
Et la sagesse d'en connaître la différence
† Amen.

L'utilisation répétée de cette prière a gardé plusieurs personnes troublées dans le calme, en équilibre même, plusieurs alcooliques éloignés de l'alcool, plusieurs outre-mangeurs loin de la nourriture. La prière est récitée au début de toutes les rencontres du Programme, et répétée plusieurs fois entre les rencontres par les individus qui essaient de pratiquer ce Programme. Elle nous met en garde de ne pas prendre tous les problèmes du monde sur nos épaules, réels ou imaginaires, mais de choisir, avec la sagesse que nous procure notre Force Supérieure, ceux qu'il est en notre pouvoir de régler avec l'aide de Dieu, et de laisser de côté ceux avec lesquels nous ne pouvons rien faire. En répétant et en écoutant réellement cette prière, nous réalisons que nous ne pouvons accepter les choses qui sont hors de notre contrôle qu'avec la sérénité que nous procure notre Force Supérieure, si nous sommes prêts à accepter cette sérénité. Nous demandons aussi à Dieu la force de faire ce que nous pouvons pour les choses qui sont sous notre responsabilité afin de ne pas nous laisser tomber ou laisser les autres tomber. Cette prière semble avoir un effet calmant, paisible sur tous ceux qui l'utilisent. Elle soulève de gros poids de nos épaules, afin que nous puissions avoir plus de force pour les poids qui y sont laissés — ceux pour lesquels nous pouvons faire quelque chose.

L'autre prière la plus utilisée dans le Programme est le très connu Notre-Père. Elle est récitée par tous les membres à l'unisson à la fin de plusieurs groupes de soutien du Programme. Depuis que cette prière fut composée avec Jésus-Christ selon le Nouveau Testament (Mattieu 6 :9 et Luc 11 :2), c'est la seule partie du Programme qui semble posséder une certaine connotation sectaire. C'est définitivement une prière chrétienne, bien que, à travers son usage aux États-Unis du moins, elle soit devenue presque universelle. Personne n'a fourni d'explication valable à l'utilisation d'une prière chrétienne à l'intérieur d'un programme non-religieux, sauf, bien sûr, que ceux qui ne désirent pas y participer n'ont pas à le faire. Il existe cependant une certaine pression dans le groupe envers un non-participant, même si ce n'est pas intentionnel de la part du groupe, particulièrement lors de ces groupes de soutien où tous les membres joignent les mains en récitant la prière. Pour ceux qui sont de foi Juive ou Musulmane ou pour les autres qui peuvent avoir des réserves à dire cette prière, nous offrons une alternative à l'Appendice 1, que nous appelons la Prière Universelle. Peut-être qu'avec la volonté de conserver le Programme complètement libre de sectarisme religieux, peut-elle être substituée au Notre-Père, lequel peut être au début un facteur négatif chez certains nouveaux venus. Puisque cette Prière Universelle n'est pas dutout religieuse ou sectaire, mais plutôt spirituelle, elle ramène le Programme plus près de ses traditions, lesquelles revendiquent et suggèrent une complète liberté et l'indépendance de toute secte ou religion. Elle est seulement offerte comme une suggestion; la conscience du groupe et du membre décidera comme toujours.

Une autre très belle prière qui est utilisée dans le Programme pour débuter plusieurs rencontres est la Prière d'Ouverture. Elle est reproduite à l'Appendice 2. Cette prière réfère à notre Force Supérieure comme à un Père, un Ami, un Partenaire. Nous affirmons notre connaissance de Sa présence parmi nous, plaidons pour être aussi honnêtes que nous pouvons l'être, et reconnaissons notre totale dépendance à Son égard, tout en reconnaissant toutefois et en acceptant notre entière responsabilité aux fins de notre association. Puis nous affirmons notre certitude que nous serons récompensés avec «liberté, croissance et bonheur», et nous demandons du soutien et de l'aide en devenant même plus près de notre Père, notre Ami, notre Partenaire. C'est une prière hautement enrichissante aussi, comme le sont la plupart des prières, et elle améliore particulièrement notre sentiment de promiscuité avec Dieu.

Nous ne voulons pas dire que les quelques prières mentionnées sont les seules utilisées dans le Programme, non plus qu'il y a des prières «officielles» dans le Programme. Tout à fait au contraire, les prières ci-haut décrites sont seulement des exemples suggérés, et chaque membre prie à sa propre façon et à son propre moment. Nous prions souvent avec de simples mots tels : «Dieu, s'il te plaît, aide-moi» répété et répété encore jusqu'à ce qu'un voile se lève et que nous nous sentions aidés, ou «Merci mon Dieu» ou peut-être seulement «Merci» pour quelque chose de beau qui nous est arrivé et éventuellement pour tout ce qui nous arrive. Toute prière est appropriée si elle aide l'individu et les seules exigences pour qu'une prière apporte de l'aide semblent être qu'elle soit sincère, humble, et pas seulement récitée dans une intention égoïste.

Nous avons dit plus tôt que la prière est le «maillon du haut» et que la méditation ouvre le «maillon du bas». La méditation est un art ancien qui est pratiqué depuis des milliers d'années et qui fait partie de toutes les religions majeures, particulièrement celles de l'orient. Mais encore, ce n'est pas tant une pratique religieuse que spirituelle. Dans l'Ouest, elle particulièrement étrange parce qu'elle entraîne, tranquilisant l'esprit, freinant l'esprit, sans pensée aucune. Étant devenus si amoureux de nos pouvoirs de pensée et de raison, il est extrêmement difficile pour la plupart d'entre nous de le faire au début, mais il est aussi surprenant de voir comment cela peut être appris facilement avec un peu de volonté et un petit peu de pratique.

Mais d'abord, pourquoi désirons-nous calmer nos esprits ? Maintenant, nous pouvons y voir plusieurs raisons. Premièrement, notre esprit conscient élimine toutes ces barrières dont nous parlions auparavant, et nous désirons les dépasser.

En calmant notre esprit conscient, nous allons au-delà de ces barrières de notre inconscient ou superconscient, qui, pour plusieurs d'entre nous, est là où demeure notre Force Supérieure. Si pour d'autres, la Force Supérieure ne demeure pas là, au moins l'inconscient ou le superconscient est le canal à travers lequel nous recevons Sa directive. Nous avons besoin de calmer l'esprit conscient pour ouvrir le canal. Troisièmement, en calmant notre esprit conscient par la méditation, nous pouvons souvent calmer nos émotions, peut-être un peu agitées. Lorsque nous sommes troublés, le plus longtemps nous continuons à penser à nos problèmes, le plus sérieux ils semblent devenir, particulièrement s'il s'agit d'une chose contre laquelle nous ne pouvons rien. Par la méditation, nous apprenons à replacer de tels troubles de la pensée avec une attitude plus constructive.

La méditation aide à nous calmer émotionnellement et à relaxer physiquement. Aussi elle peut nous aider à relâcher la grande quantité d'énergie que nous développons normalement en gardant nos émotions au point mort et notre corps tendu. Ce relâchement d'énergie, qui nous devient disponible dans des buts positifs, rend compte de la rafraîchissante nouvelle vigueur que nous expérimentons même après une courte méditation. Tous ceux que nous connaissons qui l'ont essayé plusieurs fois racontent avoir été grandis, relaxés et rafraîchis après seulement quelques minutes, qu'elle survient au lever le matin, avant de se retirer le soir, ou n'importe quand durant la journée lorsque le besoin se présente ou lorsque la tension augmente.

Finalement, calmer notre esprit — et notre corps — aide à ralentir l'allure vertigineuse de l'activité que la plupart d'entre nous nous sommes sentis contraints de maintenir juste pour garder notre tête au-dessus de l'eau dans cet à tout jamais pressant, tout instantané monde. En expérimentant des ralentissements périodiques, mentaux et physiques, nous apprenons la valeur du repos et du silence. Plusieurs d'entre nous sommes si blessés, que nous croyons impossible de relaxer ou d'être immobile. Nous tapotons invariablement et constamment des doigts, faisons danser une jambe ou un pied, ou changeons de position avec inquiétude.

Une telle activité nerveuse menée à une allure épuisante est un symptôme de stress interne, lequel est devenu de plus en plus accepté comme une nouvelle «cause» de désordre nerveux et de maladies. La tranquilité périodique de l'esprit et la relaxation du corps, dont la méditation, nous aident à réduire un tel stress et à nous voir de façon plus objective.

En prétendant que nous sommes convaincus de la valeur de la méditation, comment nous comportons-nous à cet égard ? Comment commençons-nous ? Que faisons-nous ? Ici encore, nous pouvons emprunter une page de l'Orient. En fait, bon nombre de techniques Hindous deviennent de plus en plus populaires dans l'Ouest. Des ateliers et des cours de yoga sont offerts à une fréquence croissante dans les centres de croissance, d'éducation aux adultes et les centres d'activités, et même à la télévision. Certains ne sont que des exercices physiques; d'autres incluent des types de méditation variés. La Méditation Transcendantale a aussi subi une récente «*Westernisation*». Sa base est l'utilisation d'un «mantra» ou d'un mot ou de mots personnalisés répétés sans cesse comme un chant permettant à l'esprit de se libérer.

Une forme d'expérience méditative venue de l'Ouest, est la retraite. Un groupe de gens passe un jour ou une fin de semaine ensemble dans un endroit paisible, retiré, habituellement à la campagne ou dans les bois, et s'engage dans des discussions spirituelles calmes, entrecoupées de période de solitude et de contemplation, même lorsque assis dans un jardin ou marchant à travers la forêt ou regardant un ruisseau de montagne. Ceux parmi nous qui sont assez fortunés pour vivre à la campagne ou en banlieue, ou près d'un océan, ont possiblement un plus grand choix de lieux pour méditer. Mais il est tout à fait possible de méditer à la maison ou à l'église, ou même dans une pièce parmi la foule. Au début, nous trouvons que nous le faisons mieux dans un endroit tranquille, et autant que possible sans être dérangés ou distraits par des influences extérieures. Ce que nous désirons accentuer à la Onzième étape n'est pas une méthode ou une procédure particulière, mais l'idée que chaque personne doit développer et élaborer la pratique de la méditation de la façon la plus confortable pour lui ou pour elle. La Onzième étape ne nous dit pas comment méditer; elle suggère simplement que nous le fassions, si nous désirons augmenter notre contact conscient avec Dieu.

Si nous désirons choisir l'une des quatre-vingt quatre mille positions de yoga, nous pouvons certainement le faire, selon le type de méditation dans lequel nous désirons nous engager.

Si nous sommes moins sophistiqués ou seulement débutants, nous pouvons simplement désirer nous asseoir dans une chaise confortable où nous pouvons relaxer notre corps autant que possible sans tomber endormis, les jambes et les pieds relaxés et décroisés; les mains confortablement posées sur les genoux (habituellement les paumes tournées vers l'extérieur — une position de réception), l'une à côté de l'autre ou l'une reposant légèrement sur l'autre.

Pour une certaine école de pensée, une colonne vertébrale droite, verticale, aide à la méditation. Si vous désirez essayer ceci, vous pouvez vous asseoir sur un siège raisonnablement ferme mais confortable, les pieds à plat sur le sol, les jambes décroisées, les fémurs à l'horizontale et votre dos à la verticale à angle droit de vos fémurs, confortablement droits. Il peut aider d'imaginer une ficelle tendue raisonnablement à la base de votre dos, montant tout droit le long de votre colonne vertébrale et sortant au haut de votre tête, l'autre bout de la ficelle étant attaché au plafond et tenant votre dos et votre tête dans une position droite confortable. Les mains sur les genoux comme auparavant ou une sur chaque genou, les paumes tournées vers l'extérieur.

La position du lotus dans le yoga est exactement la même sauf que vous vous assoyez sur le sol, les jambes croisées, si possible, avec chaque pied dans le creux du genou opposé. La position jambes croisées est difficile pour plusieurs personnes de l'hémisphère Ouest et peut nécessiter quelque pratique ou exercice pour éviter les crampes au début. La chose importante est d'adopter la position ou les positions les plus confortables pour soi — celle avec laquelle nous pouvons mieux relaxer notre corps. Dans la position colonne verticale-droite, nous sommes moins enclins à tomber endormis même lorsque relaxés, et la position verticale de la colonne semble aider quelques-uns d'entre nous à expérimenter un mouvement plus facile d'énergie spirituelle.

Au début, aucune position ne peut sembler confortable et nous pouvons avoir besoin d'expérimenter un peu avec plusieurs variations de notre crû. Comme nous essayons de relaxer notre corps, nous pouvons faire l'expérience de sentiments de folie, de perte de temps; une multitude de choses que nous désirons faire peut envahir nos pensées.

Nous les reconnaissons comme quelques-unes des barrières conscientes que nous avons déjà expérimentées lorsque nous priions, et nous décidons doucement de continuer malgré tout. Nous mettons de côté, gentiment mais fermement, de telles pensées et continuons de nous concentrer à relaxer notre corps. Nous pouvons avoir à faire cela un membre à la fois, un pied, une main, un doigt ou même deux à la fois, en relaxant consciencieusement nos muscles. Ayant relaxé les membres et les extrémités, nous pouvons alors commencer avec notre bassin et travailler en montant vers notre ventre, notre dos et notre colonne (la gardant droite mais pas raide), puis lentement notre poitrine, notre cou, notre tête et notre figure. Relaxer nos muscles faciaux est particulièrement important car plusieurs parmi nous tordons nos figures inconsciemment lorsque nous sommes tendus. Nous fronçons nos sourcils, serrons ou grinçons des dents, serrons nos mâchoires et notre langue, tout ça sans être conscients que nous le faisons. Alors nous relaxons consciencieusement tous ces muscles, et en le faisant, essayons d'être conscients de l'énergie à être relâchée et qui en sort. Nous devenons conscients du sol ou de la chaise soutenant nos fessesalors nous n'avons pas besoin de nous battre contre eux. Si nous nous reposons contre un dossier de chaise ou sommes étendus, nous laissons la chaise, le lit ou le sol soutenir notre colonne vertébrale et alors nous pouvons relaxer complètement. Si nous sommes dans la position verticale, nous laissons nos ficelles imaginaires faire le travail.

Ceux d'entre nous qui sont plus tendus peuvent avoir à relaxer en plusieurs étapes ou à plusieurs reprises. Une fois relaxés, nous pouvons redevenir tendus, ou resserrer d'autres ensembles de muscles. On doit s'y attendre, et ça ne doit pas nous déranger. Nous surveillons simplement périodiquement tous les muscles et relâchons ceux qui sont tendus. C'est un exercice de lâcher-prise; en relâchant nos défenses musculaires, nous pouvons alors laisser Dieu entrer (ou sortir). De cette façon, nous nous ouvrons afin que notre Force Supérieure soit capable de pénétrer notre conscience. Cela peut ne pas arriver pour plusieurs périodes de méditation. Mais ça n'arrivera pas du tout si nous ne nous préparons pas à maintes reprises en relaxant notre corps et en calmant notre esprit.

Il y a plusieurs manières de calmer notre esprit. L'une est la non jugeante, factuelle revue des activités quotidiennes que nous avons déjà mentionnée à la Dixième étape. En étant objectifs, et en nous concentrant sur ce que nous avons fait plutôt que comment c'était bon ou mauvais, nous freinons le courant normal d'activités de notre esprit, qui, pour la plupart d'entre nous, est un constant ruisseau pour évaluer, censurer, juger, condamner, punir, que ce soit nous-mêmes ou les autres. Ce premier niveau de méditation nous aide à interrompre ce cycle négatif de pensée.

Un second niveau pour plusieurs d'entre nous est d'essayer de nous concentrer sur une idée ou une image unique. Quelques membres qui méditent dès le lever le matin utilisent l'idée de la fraîcheur, du seul jour devant eux, concentrant toute leur attention sur ce nouveau jour pas encore démarré. Lorsqu'ils trouvent que leurs pensées s'envolent vers les combats de la veille ou planifient la journée du lendemain, ils se répètent gentiment de mettre de telles pensées de côté pour le moment et de retourner à la méditation de ce jour. Quelques-uns pensent à cette nouvelle journée comme à une page vide dans le livre de leur vie, qu'ils vont essayer de remplir avec autant d'amour, de bonté, de compétence et de responsabilité que possible. D'autres y pensent comme à un cadeau de Dieu durant lequel ils essayeront de connaître Sa volonté à leur égard et de faire de leur mieux pour obtenir la force de l'exécuter. Ceux pour qui un jour entier est trop long, se concentrent sur un point à contempler pour les cinq prochaines minutes ou même le moment présent.

Cela devient plus facile si nous commençons avec une idée spirituelle telle un slogan du Programme — par exemple, «Lâcher prise et s'en remettre à Dieu» que nous nous répétons lentement — ou même un simple mot répété encore et encore dans notre tête très lentement, avec rythme et calmement tel que «Calme, calme, calme» ou seulement un long, lent «Shh, shh, shh», de préférence en même temps que notre respiration. Quelques-unes de ces suggestions peuvent paraître folles à ceux qui ne les ont jamais essayées, mais si nous pouvons dépasser cette barrière consciente avec assez de volonté et d'ouverture d'esprit pour l'expérimenter quelques fois, les bénéfices pratiques deviendront évidents d'eux-mêmes et le jugement négatif de folie disparaîtra.

Ceux qui préfèrent les images aux mots peuvent essayer de soutenir leur concentration sur une image particulièrement plaisante, mais émotionnellement neutre (ni excitante ni déprimante). Ça peut être une rose ou une autre fleur que nous aimons, que ce soit une fleur éclose ou dans sa bulle, un panier de fruits, un coucher ou un lever de soleil, ou la flamme d'une chandelle. Le choix vous appartient et doit en être un qui a un effet calmant sur vous.

Lorsque nous commençons à méditer pour la première fois, une minute par jour, le matin ou le soir, peut être suffisante, mais même cette minute peut sembler interminable. Si nous persévérons sans devenir contrariés, la minute commencera à rétrécir, et quelques jours plus tard, nous verrons nos méditations involontairement rallongées de deux à trois minutes ou plus. Après quelques semaines, quinze minutes sembleront comme cinq ou trois, et éventuellement le temps paraîtra s'arrêter totalement et nous tiendrons encore. Nous entrons profondément en nous-mêmes et ne sommes plus du tout soucieux du temps qui passe. Non seulement ne nous sentons-nous plus fous, mais nous anticipons maintenant nos périodes de méditation. Elles nous procurent une nouvelle vie, une nouvelle énergie, et encore la sérénité comme nous ne l'avons jamais connue auparavant. Si nous désirons aller plus loin (plus haut ou plus profondément), nous pouvons alors essayer de vider notre esprit de toute pensée. Une façon d'y arriver est de se concentrer sur un écran blanc ou sur la noirceur ou sur une brillante lumière blanche, ou mieux encore sur notre propre néant. Je ne peux offrir d'autres suggestions au delà de ce point parce que c'est la limite de ma propre méditation en ce moment, mais je sens qu'en bas de cette route gisent des consciences même plus grandes de Dieu, une plus grande intégration de moi-même aussi bien que d'intégration avec Lui, une plus grande paix, sérénité et joie.

Nous trouvons qu'après une méditation selon ces paramètres pour quelques temps — pour plusieurs très rapidement — nous commençons à obtenir des réponses à nos problèmes et à nos prières. Comme nous l'avons dit, les réponses ne viennent pas toujours pendant nos méditations; elles viennent souvent immédiatement après ou quelque part durant la journée. Un membre a dit : «Plusieurs des miennes me viennent lorsque je me regarde dans le miroir en me rasant».

Ces réponses à nos prières et à nos problèmes arrivent habituellement lorsque nous les attendons le moins et souvent de façons tout à fait inattendues. C'est parce que nos attentes viennent de notre propre volonté et non de celle de Dieu. Lorsque nous attendons un certain résultat d'un événement, d'une situation, ou d'une action, nous plaçons notre volonté en arrière de notre Force Supérieure plutôt que de nous laisser connaître Sa volonté. Nous recherchons la volonté de Dieu lorsque nous n'attendons rien de la nôtre, mais sommes disposés à accepter, peu importe le résultat. La seule attente que nous nous permettons de cultiver en est une très générale qui, peu importe ce que notre Force Supérieure envoie sur notre route, sera ce qu'il y a de mieux pour nous — et mille fois mieux que tout résultat que nous pourrions obtenir à travers notre volonté et nos efforts seuls.

Alors nous avons besoin d'apprendre à reconnaître les réponses de Dieu. Pour quelques-uns d'entre nous, elles viennent sous la forme d'une «calme, silencieuse petite voix» si basse que souvent nous ne l'entendons pas jusqu'à ce que ces mots soient répétés plusieurs fois. Elle nous dit souvent de faire quelque chose que nous ne voulons pas faire; alors nous essayons de la taire, et de rationaliser et de trouver pourquoi ce que la voix nous dit de faire n'a pas de sens. Nous pouvons même faire ceci avant que nous ne soyons tout à fait conscients de ce qu'a dit la voix. Mais lorsque nous en devenons conscients — et à travers la méditation nous nous entraînons à y être plus sensibles — il devient de plus en plus difficile de l'ignorer, particulièrement lorsque nous essayons de travailler et de vivre ce Programme. Nous commençons à la reconnaître comme la voix de notre propre intuition, la voix de notre inspiration, la voix de notre Soi Supérieur ou Force Supérieure — enfin la voix de Dieu.

Souvent les réponses à nos prières et à nos problèmes nous viennent à travers des événements inattendus dans notre vie ou celle de ceux que nous aimons. Cela fut certainement vrai dans ma vie. Je cherchais inconsciemment la sagesse et la sérénité longtemps avant que je ne fusse consciemment conscient de l'être; et cela en soi est une forme de prière — un désir inconscient ou une envie ou une recherche. Pendant longtemps, je sentais que je ne devenais pas plus sage et je savais que je ne ne devenais pas plus serein. C'était tout à fait le contraire.

J'ai eu un travail administratif avec une grande part de responsabilité (que j'avais désiré plus tôt dans la vie) qui me prenait beaucoup de temps loin de ma conjointe et des enfants qui grandissaient. Je développais plus d'impatience avec la situation, mais sentais que j'avais à continuer. Reculer serait admettre la défaite et l'humiliation. Puis, un jour, sans aucun avertissement, après six mois à me dire quel bon travail je faisais, mon nouveau supérieur, un vice-président, me dit qu'il me remplaçait. La seule raison qu'il donna était qu'il aimerait un homme plus dynamique dans cette position. Autrement, il n'avait rien à critiquer de mon rendement ou du département que j'administrais. Il était en santé, productif et croissant. J'étais tout à fait renversé, blessé, désillusionné et fâché. Il me donna un très généreux neuf mois pour chercher un autre travail, mais je n'étais pas le dernier à être remercié à ce moment. Je pensais que j'avais à trouver un travail à un niveau administratif au moins équivalent ou plus élevé que celui que je quittais, même si dans mon fort intérieur, je savais que je ne le voulais pas. Mais je ne pouvais entrevoir rien d'autre; ça aurait été une démotion. J'entrepris de fouiller le marché du travail et les firmes de recherche d'exécutifs pendant neuf mois, avec plus d'une douzaine d'entrevues mais pas une seule offre.

Le fait que cette recherche d'emploi eut lieu au printemps et à l'été 1969 lorsque la récession de 1970-1971 pointait déjà à l'horizon, n'aida pas du tout les choses. Mais je crois que la principale raison pour laquelle je ne reçus aucune offre est que, inconsciemment, je ne voulais pas de ce genre de travail pour deux raisons, soit son exigence en temps et en responsabilité, exigences qui pour moi n'étaient plus compensées par la satisfaction du statut, du prestige ou des besoins de pouvoir. À travers cette période de neuf mois, j'essayai de vivre le Programme du mieux que je le pouvais. Je faisais mon travail de base, et essayais d'abandonner le résultat à ma Force Supérieure. Comme ma date finale se dessinait de près, cela devenait plus difficile, mais je m'y accrochai du mieux que je le pus parce que je croyais que c'était bien, et que je finirais par faire ce que ma Force Supérieure voulait que je fasse — pas nécessairement ce que je voulais faire, spécialement depuis que je n'étais plus certain de ce que c'était.

À peu près un mois avant ma date finale, un ami qui était à la tête d'une petite firme de consultants m'appela et me demanda si je pouvais être intéressé à joindre son groupe comme consultant. Il avait un contrat qui rencontrait exactement mes compétences. Je me joignis à cette firme et, avec cela, débutèrent les plus gratifiantes années de ma vie, qui aboutirent à l'écriture de ce livre. Avec l'aide de ma Force supérieure, une étape à la fois, je me dirigeai vers un travail entièrement différent, qui est plus réjouissant et satisfaisant que le précédent. Je ne suis pas convaincu que Dieu ait su tout au long ce que j'étais censé faire et qu'inconsciemment je le savais bien aussi. Il le révéla à mon esprit conscient et me donna la force de l'exécuter lorsque je fus prêt à l'accepter — ce qui est, L'accepter et m'accepter.

Regardant en arrière, je peux voir à travers plusieurs exemples concrets que ce fut l'histoire de ma vie. La différence entre alors et maintenant est que maintenant je suis consciemment au courant que ma Force Supérieure guide ma vie, et que j'essaie de collaborer avec Elle parce que j'aime cela de cette façon. Avant de trouver le Programme, je rejetais l'influence et l'accessibilité d'une Force Supérieure dans ma vie, et continuais à combattre la «volonté» de Dieu avec ma propre lamentable volonté — une bataille très solitaire, inutile et perdue, puisque je combattais un adversaire infiniment fort qui n'avait pas la plus mince intention de me combattre, mais voulait seulement me rendre disponible son aide aimante.

Douzième
étape

Douzième Étape
Ayant connu un réveil spirituel comme résultat de ces
étapes, nous avons alors essayé de transmettre ce mes-
sage aux autres et d'appliquer ces principes dans tous
les domaines de notre vie.

Ainsi nous arrivons à la Douzième étape, la dernière étape du Programme. Alcoolique Anonyme nous dit : «La joie de vivre est le thème des Douze Étapes, et l'action en est le mot clé». (Les Douze Étapes et les Douze Traditions, Alcooliques Anonymes, p. 107) Est-ce vraiment possible ? Après toute la tristesse et la douleur que nous avons connues, pouvons-nous vraiment expérimenter la joie de vivre ? La réponse, basée sur notre expérience, est un OUI définitif. Et cette étape nous dit comment.

Premièrement, elle dit que si nous pratiquons les onze autres étapes au mieux de notre connaissance, nous vivrons un réveil spirituel. Deuxièmement, elle suggère que nous essayions de transmettre le message de ce Programme aux autres qui cherchent encore une façon de vivre qui remplira leur vide spirituel et leur rendra la raison. Et troisièmement, elle recommande que nous essayions d'appliquer ces principes dans tous les domaines de notre vie. Regardons ces trois parties une à la fois.

Un réveil spirituel peut ne pas être seulement une nouvelle expérience pour la plupart d'entre nous, mais une nouvelle expression. Au début nous ne sommes pas certains de ce que cela signifie, parce que cela signifie différentes choses chez différentes personnes et à des moments différents. Cela peut être tout à fait soudain, ou très progressif. Cela peut être une expérience émotionnelle remplie qui nous renverse. Ou cela peut être à peine apparent lorsque cela arrive, avec sa pleine signification pénétrant notre conscience seulement après que ce soit arrivé; nous réalisons en rétrospective que nous avons eu un réveil spirituel. Plusieurs parmi nous commençons à avoir une série de petits réveils spirituels, qui ont aussi été appelés «profonds réveils spirituels» dès que nous allons à nos premiers groupes de soutien. Nous pouvons sentir immédiatement en regardant le visage des gens, en les voyant sourire, en les entendant rire, en les regardant se serrer et s'embrasser les uns les autres, que les gens dans ce Programme ont quelque chose que nous voulons. Nous pouvons ne pas savoir ce qu'est ce «quelque chose», mais nous ressentons une forme d'espoir très profondément à l'intérieur. Notre centre spirituel a été touché et comme résultat, nous ne sommes désormais plus la même personne solitaire, désespérée. Quoique cela puisse être encore enveloppé par de lourds nuages noirs, un rayon de soleil est entré dans notre vie, peut-être le premier depuis plusieurs semaines ou plusieurs mois de lutte avec des problèmes que nous ne pouvions résoudre.

À partir de ce petit début, qui pour plusieurs d'entre nous peut n'arriver que beaucoup plus tard dans le Programme ou arriver d'une façon entièrement différente, nous progressons tous vers de futurs réveils lorsque nous commençons à apprendre, pratiquer et vivre les Douze étapes. Le livre Les Douze Étapes et les Douze Traditions des A.A. les décrit comme suit :

> «*Quand un homme ou une femme connaît un réveil spirituel, cela signifie surtout que cette personne peut désormais agir, ressentir et croire d'une façon qui lui était jusque-là impossible par ses seuls moyens et sans aucune aide. Elle a reçu un don qui équivaut à un nouvel état de conscience et d'être. Elle a été placée sur une voie qui l'assure que désormais, elle s'avance vraiment vers un but, que la vie n'est pas un cul-de-sac, que la vie n'est pas faite pour être subie ou domptée. Dans un sens très réel, cette personne a été transformée, car elle s'est agrippée à une source d'énergie que jusque-là, d'une façon ou d'une autre, elle s'était refusée à elle-même. Elle se retrouve capable d'un niveau d'honnêteté, de tolérance, d'altruisme, de paix d'esprit et d'amour qu'elle n'avait jamais cru possible. Ce qu'elle a reçu est un don gratuit, et pourtant, au moins pour une petite partie, c'est elle-même ordinairement qui s'est disposée à le recevoir.*» (p.107)

Ainsi un réveil spirituel est-il un «cadeau qui représente un nouvel état de conscience et d'être». Il est ordinairement accompagné d'un changement complet des valeurs. Nos vieilles valeurs étaient basées sur la poursuite de choses et d'objets, de la «belle vie», ce qui signifiait la vie matérielle confortable. La plupart d'entre nous traitions même nos familles, amis, relations, et les autres personnes comme des choses et objets à être utilisés, exploités, ou manipulés pour notre propre profit et bénéfice. Nous pensions que nous pouvions nous débrouiller par nous-mêmes; «fais-le toi-même»; «rends-toi au-dessus des masses», et sois certain d'y rester à tout prix. Lorsque nous avons compris qu'il n'y avait qu'un nombre limité de places en haut et que la plupart d'entre elles étaient déjà occupées ou réclamées par d'autres, nous avons plutôt fait des mains et des pieds et nous sommes battus si fort, ou sommes devenus désillusionnés, découragés et souvent apathiques.

Nos nouvelles valeurs sont basées sur une vision objective de nous-mêmes comme enfants de Dieu composés d'éléments physiques, intellectuels, émotionnels et spirituels. Nous reconnaissons que nous avons besoin d'une intégration balancée de ceux-ci si nous voulons mener une vie heureuse et sereine. Nous savons cela, car nos composantes émotionnelles et spirituelles sont sous-développées, et nous avons besoin d'accorder une énergie considérable à leur développement. Nous reconnaissons que le développement spirituel est notre priorité numéro un, au moins jusqu'à ce que nous ayons atteint l'équilibre que nous cherchons en nous-mêmes. Nous savons cela, et si nous nous développons et croissons spirituellement, notre développement émotionnel suivra, même avec l'aide de ce Programme seul ou l'aide additionnelle d'une thérapie, d'un conseiller ou de groupes de soutien.

Ayant pris grand soin de notre composante spirituelle, nous réalisons que plusieurs de nos vieilles peurs nous ont quittés, plusieurs de nos convulsions ont disparu; et toutes nos dépendances et obsessions ont été supprimées. Nous ne sommes plus dépressifs, parce que nous avons découvert la joie de vivre. Avec l'aide de notre Force Supérieure, nous nous sommes découverts de nouvelles aptitudes dont nous n'avons jamais eu consience. Nous avons trouvé que notre Force Supérieure nous avait donné la force et l'énergie de faire des choses auxquelles nous avions pensé depuis des années, mais que nous avions mises de côté à cause de la peur de l'échec. Notre indécision a été réduite, et nos décisions sont plus souvent bonnes que mauvaises. Si nous nous sommes sentis attrapés dans un travail que nous haïssions mais que nous ne pensions pas pouvoir laisser à cause de notre besoin de sécurité financière, nous trouvons maintenant le courage, à travers la confiance en Dieu, de faire un changement qui nous apportera plus de satisfaction, de contentement et de sérénité. Notre nouvelle attitude de service et d'accompagnement aux autres, renouvelle notre intérêt dans notre travail et le bénéfice que nous en retirons.

Les gens ne sont plus des objets à être exploités dans notre tentative de remplir notre propre vide spirituel parce que nous l'avons maintenant rempli avec ce Programme et avec une nouvelle relation croissante avec notre Force Supérieure. Nous trouvons que les gens sont ici pour être aimés, pour que l'on prenne soin d'eux, pour échanger sur une base amicale, recevoir de la chaleur, et pour être appréciés comme des êtres humains grandissants et se développant comme nous-mêmes. Comme notre réveil spirituel progresse, nous devenons plus aimables, nous nous faisons plus facilement des amis, et nous nous sentons confortables avec les autres. Nos relations avec notre famille s'améliorent sans fin comme nous nous rapprochons de chacun, tout en reconnaissant l'indépendante dignité de chaque être humain. Notre besoin de dominer, de contrôler, ou d'être contrôlés est grandement réduit. Nous essayons simplement de vivre joyeusement comme des êtres humains interdépendants, sachant que notre seule permanente dépendance est envers notre Force Supérieure, et que cette Force est la seule source de notre force et de notre ravitaillement.

Nous n'avons plus d'attentes irréelles à notre sujet et au sujet des autres. Nous apprenons à nous accepter comme nous sommes, avec tous nos défauts, et alors nous pouvons accepter les autres comme ils sont. Nous ne pouvons être sérieusement déçus pendant de longues périodes de temps. Nous savons que notre Force Supérieure se propose le meilleur pour nous et que, si nous continuons à améliorer notre contact avec Elle, rien ne peut aller mal.

Cela ne signifie pas que nous vivons dans le rêve, loin de là. Nous comptons encore notre part de problèmes, de troubles, même de malheurs et de catastrophes. Mais nous avons appris que ceux-ci sont toujours des occasions de croissance et de développement plus grandes. Lorsque ces situations surviennent, nous essayons de ne pas nous sentir désolés, ou de ne pas penser que Dieu nous a abandonnés. Nous ne pensons pas combien c'est injuste qu'Il nous punisse lorsque nous avons travaillé et vécu notre Programme du mieux que nous le pouvions.

Tout à fait au contraire, nous apprenons à accepter ce qui se présente sur notre route avec une sérénité croissante et demandons s'il y a quelque chose que nous avons fait qui puisse avoir provoqué la situation malheureuse. Nous ne blâmons pas les autres; nous ne blâmons pas Dieu; nous ne nous blâmons pas et ne nous punissons pas. Nous regardons simplement quelle leçon nous sommes supposés retirer de ce malheur et essayons d'en tenir compte. Peut-être avons-nous besoin de prier et de méditer plus. Même si nous l'avons fait quotidiennement, peut-être avons-nous été distraits ou n'avons-nous pas bien écouté les messages de Dieu.

Peut-être que, si nous avons perdu un emploi, étions-nous engagés dans une activité non appropriée à nos capacités, et sommes-nous censés changer de parcours. Ou si nous avons perdu un être aimé, peut-être devenions-nous trop dépendants de cette personne et était-il temps que nous apprenions à compter plus sur nous-mêmes et sur notre Force Supérieure. Si nous contractons une maladie sévère ou avons un accident, nous pouvons avoir été pris par de trop nombreuses activités pour consacrer assez de temps à notre croissance spirituelle. Nous avons probablement besoin d'une longue période de repos pour nous préparer spirituellement à notre vie future. Peu importe le désastre, la souffrance ou l'inconvénient, c'est normalement une grâce, même si elle se présente quelquefois sous la forme d'un très horrible et douloureux déguisement.

Toutefois si nous insistons et regardons sous le déguisement et allouons suffisamment de temps à nous ajuster émotionnellement et spirituellement à la nouvelle situation, et si nous voulons continuer à regarder vers notre Force Supérieure pour de l'aide — peut-être plus que jamais — nous trouverons éventuellement qu'une nouvelle direction ou dimension de croissance émergera d'une mauvaise ou même terrible situation. Les gratifications scront plus grandes que la douleur dont nous avons souffert. Dans ce sens, nous souffrons vraiment pour croître.

À travers notre réveil spirituel, nous réalisons aussi que nous — chacun d'entre nous — devons passer à travers nos propres douleurs et souffrir jusqu'à un certain point, déterminé d'abord par les caractéristiques dont nous avons hérité et notre conditionnement antérieur. La quantité de souffrance que nous devons porter et qui est antérieure à notre réveil spirituel — et pendant que nous le vivons — est d'ordre totalement individuel. Personne ne peut changer ceci pour quelqu'un d'autre. Nous pouvons possiblement le rendre plus facile pour les autres en étant disponibles lorsqu'ils ont besoin de nous; en nous tenant près d'eux dans les moments difficiles; en étant l'ami à qui parler ou seulement en l'écoutant; ou même en offrant une épaule occasionnelle pour pleurer; mais nous ne pouvons pas à la base changer le degré de souffrance à travers lequel chaque individu doit passer. C'est entièrement déterminé par chaque personne et par son environnement passé. Chacun d'entre nous doit passer au travers, quelle que soit la douleur qu'il a à vivre. Le fait est que nous devons passer au travers plutôt que de l'éviter, parce que la douleur que provoque la fuite est de loin beaucoup plus grande dans le long voyage que la douleur de la courte vie de la croissance.

Ces pensées nous emmènent à la seconde partie de la Douzième étape : «Nous avons essayé de transmettre ce message aux autres». Il y a plusieurs raisons pour lesquelles nous essayons de «transmettre ce message». L'une d'elles est que c'est précisément ainsi que le Programme croît, se développe et a du succès — par des membres qui l'ont pratiqué un moment en aidant les nouveaux venus. Il n'y a pas de chefs, ni d'autorités, ni de «membres séniors» dans ce Programme. En réalité, nous sommes tous de nouveaux venus lorsque nous découvrons une facette de nous-mêmes que nous n'avions pas connue auparavant, et ceci arrive souvent depuis que nous sommes tout infini dans notre inconscient. Mais partager notre expérience et apprendre à se servir du Programme nous a aidés à travers nos nombreux moments difficiles, et nous pouvons aider le nouveau venu à trouver espoir et courage.

Une autre raison pour laquelle nous essayons de transmettre le message est que les nouveaux venus au Programme, et les autres qui n'en ont jamais entendu parler, sont souvent troublés, confus et pleins de ressentiment. Losqu'ils ont décidé de faire quelque chose à leur sujet, et qu'ils sont confrontés avec les Douze étapes, ils veulent souvent «gobber» le Programme en entier d'un seul coup pour se sentir mieux plus vite — «soulagement instantané» comme le perpétuel commercial le promet. Mais il n'y a pas de promesse de soulagement instantané dans ce Programme. Il y a seulement des promesses de soulagement, aussi bien que d'amour, de sérénité, de joie et de nouvelle énergie, si nous travaillons avec soin notre méthode à travers chaque étape, une à la fois, en prenant autant de temps avec chacune que nous en avons besoin avant de passer à la suivante, et en retournant aux étapes précédentes lorsque le besoin se manifeste. C'est une partie du message que nous devons transmettre au nouveau venu : il recevra beaucoup plus qu'un soulagement instantané — lorsqu'il ou elle sera prêt-e à l'accueillir.

Plusieurs nouveaux venus ont besoin de conseils — pas d'avis — pour apprendre à être doux avec eux mêmes; à faire ce qui est réconfortant pour eux; à être bons pour eux; à ressentir ce que c'est que de commencer à s'aimer; et, peut-être, par dessus tout, pour apprendre à travaille patiemment et avec diligence sur les Douze étapes.

Mais la raison la plus importante pour laquelle nous essayons de transmettre ce message est que nous devons le faire pour nous aider à croître. C'est un autre paradoxe du Programme : nous devons le transmettre pour le garder. Pour poursuivre notre croissance émotionnelle et spirituelle, nous devons apprendre à donner aux autres gratuitement et sans attente de récompenses extérieures. C'est seulement en découvrant la récompense intérieure de donner sans attente de retour, que l'alcoolique peut demeurer sobre, le dépendant se tenir loin des drogues ou de la nourriture, le névrosé se tenir loin des dépressions ou d'autres crises. Nous devons donner de nous-mêmes, non seulement une fois de temps à autre, mais sur une base quotidienne. L'une des meilleures choses que nous puissions donner à une autre personne, si c'est voulu, est ce qui nous a été si gratuitement donné dans ce Programme.

Travailler avec un nouveau venu est l'une des choses les plus gratifiantes. C'est apeurant au début, parce que nous sommes enclins à croire que nous ne sommes pas prêts à donner quoi que ce soit puisque nous n'avons pas encore obtenu assez du Programme nous-mêmes pour en offrir, et que le Programme dit : «Tu ne peux donner ce que tu n'as pas». Mais lorsque l'occasion se présente, lorsque Dieu nous envoie un nouveau venu avec qui travailler et à aider, alors nous devons Le prendre au mot à l'effet que nous sommes prêts, que nous le ressentions ou non. Nous Lui demandons son aide pour conseiller adéquatement le nouveau venu. Cela ne signifie pas que nous nous fichons de Dieu et de notre Force Supérieure dans une envolée sans fin d'enthousiasme au sujet du Programme. Nous ne débitons même pas toutes les choses que nous aimons le mieux au sujet du Programme. Plutôt, nous tentons d'abord de trouver tout ce que nous pouvons découvrir à son sujet pour nous placer dans une meilleure position d'aide.

Quelques-uns d'entre nous sommes quelquefois si enthousiastes et reconnaissants envers ce Programme, parce que nous avons été aidés au delà de nos attentes, que nous devons souvent nous rappeler en travaillant avec de nouveaux venus que nous devons dépendre de «l'attraction plutôt que de la promotion». Les résultats seront meilleurs si notre discours est calme et compatissant. Si nous avons l'air évangélique ou en croisade — ou si nous mettons de la pression, de la contrainte, si nous insistons, argumentons ou même insistons trop fort sur un point — nous pouvons aussi bien effrayer quelqu'un qui se sent encore assez impuissant à résoudre tous les problèmes, et qui a peur de prendre un engagement de quelque sorte et est contrarié à se faire dicter sa conduite. Nous devons convenir du message que la décision de joindre ce Programme sérieusement en est une entièrement individuelle.

Cela a été fait par la plupart d'entre nous lorsque nous atteignons le point où nous avons assez souffert et sommes fatigués de blesser, de ne trouver que des problèmes sans solutions, de vivre dans le vide et sans but — en d'autres mots lorsque nous avons touché notre propre «bas-fond», peu importe ce qu'il peut être pour nous. Nous «n'achetons pas» — en fait la plupart d'entre nous ne le peuvent pas —le Programme entier d'un seul coup. Nous devons le *laisser venir à nous* lentement et progressivement en nous exposant à ses principes, ses étapes, et en participant à de fréquents groupes de soutien.

Une chose importante à nous rappeler lorsque nous partageons avec de nouveaux venus est très bien expliquée par Vincent Collins dans un petit livret intitulé *Acceptance* : «J'ai finalement appris que tu ne peux aider les gens à moins qu'ils aient vraiment besoin d'aide, qu'ils soient disposés à être aidés, qu'ils veulent que tu les aides et te demandent de les aider. Même alors, tu ne peux que les aider à s'aider». Nous pouvons même faire cela en les aidant à aller aux groupes de soutien et en se servant du téléphone entre les groupes de soutien, que ce soit pour un appel amical ou pour aider quelqu'un (nous-mêmes inclus) lors d'un moment difficile.

Pour la plupart d'entre nous, la troisième partie de la Douzième étape est probablement la plus difficile : «... nous avons essayé... d'appliquer ces principes dans tous les domaines de notre vie». C'est la partie cruciale de l'étape pour tous ceux d'entre nous qui avons trouvé que les principes exprimés par ces douze étapes nous furent d'une aide non mesurable, non seulement en reconnaissant, en admettant et en étant délivré de nos névroses, mais en vivant une vie saine et sereine basée sur un développement spirituel continuel. Nous avons trouvé que ces étapes ne s'appliquent pas seulement aux émotions, à l'abus de l'alcool, de la nourriture ou à d'autres dépendances; *elles s'appliquent à la vie.* Elles sont une façon de vivre pour tous, qui peut nous conduire à la paix, à la sérénité et à Dieu si nous Le voulons et Lui permettons d'entrer dans notre conscience.

Lorsque nous faisons l'expérience de notre réveil spirituel, nous commençons à réaliser que tous les problèmes du monde, que nous pensions que nous devions résoudre, peuvent commencer à se régler si nous le désirons mais en commençant avec la partie pour laquelle nous pouvons quelque chose — nous-mêmes — et en continuant à travailler sur nous-mêmes avec l'aide de notre Force Supérieure et de ces étapes, un jour à la fois.

Nous comprenons maintenant que nous ne pouvons obtenir la paix dans le monde entier avant d'obtenir la paix avec nous-mêmes; que nous ne pouvons obtenir la paix et la sérénité à l'intérieur de nous-mêmes indépendamment d'une Force Supérieure et du développement spirituel qui survient en intégrant notre Force Supérieure dans notre conscience. De plus, pour joindre la route du développement spirituel, nous savons que nous devons d'abord devenir conscients de notre vide spirituel, lequel a abouti à notre folie actuelle. Nous devons admettre individuellement que nous sommes impuissants, et cesser de propager aux autres notre impuissance collective avec des armes de destruction plus puissantes et plus dévastatrices ou d'autres biens matériels, ou en essayant continuellement d'exercer du pouvoir sur ceux qui nous entourent.

Nous devons commencer à travailler sur notre propre développement spirituel, et continuer à y travailler sur une base quotidienne, un jour à la fois, pour le reste de notre vie. La façon la plus facile que nous avons trouvée est avec l'aide d'un simple programme comme celui qui est décrit ici.

Il peut encore sembler impossible à ceux qui n'ont pas encore essayé «d'appliquer ces principes dans tous les domaines de leur vie», mais regardons deux exemples qui touchent la plupart d'entre nous : notre famille et notre travail.

Pour plusieurs d'entre nous, nos relations avec notre conjoint-e sont souvent empreintes de style militaire ou sont fondées sur une base commerciale. Nous avons transformé nos maisons en champs de bataille ou en centres d'achat. Soit que nous lancions des salves de mots, que nous fassions des escarmouches en protégeant nos arrières, ou que nous essayions d'acheter l'amour ou l'approbation de notre conjoint-e avec de l'argent, de la pseudo-bonté ou de la surconsidération à nos propres frais. Les psychologues et les psychiatres nous disent que plusieurs d'entre nous adoptons des relations de couple qui sont la continuation de conflits non résolus avec nos parents. Dans ces batailles ou transactions commerciales, nous utilisons chaque arme ou objet à notre portée telles que nos capacités intellectuelles, nos «charmes féminins», notre sexualité, des faveurs en argent, et même nos enfants. C'est un jeu terriblement destructeur, manipulateur — une bataille de volontés qui conduit souvent à la séparation, au divorce, ou en de rares et plus sévères occasions, au meurtre ou au suicide. Le principal problème dans ces situations est que chaque partie blâme l'autre : «S'il n'était pas un tel bâtard, je serais une personne plus gentille.» Ou «Comment un homme peut-il vivre avec une mégère comme elle et demeurer sain ? Si seulement elle voulait progresser, nous pourrions avoir un bon mariage». De plus, les deux parties sentent qu'elles ont la responsabilité de changer leur partenaire selon leur propre vision, mais aucun d'entre eux n'admet qu'il y ait quoi que ce soit qui doive être changé à l'intérieur d'eux-mêmes. Tous les deux consacrent leurs efforts et leur énergie à l'impossible tâche de changer l'autre.

Avec le Programme, tout ceci change. Pas en une nuit peut-être, mais dans une certaine période de temps. Lorsque les deux conjoints essaient de vivre avec ce Programme, le mariage ne peut qu'avoir du succès. Même si seulement un des deux essaye de vivre le Programme, la situation s'améliore grandement. Nous arrivons à trouver d'autres alternatives que le divorce, le meurtre ou le suicide. Nous apprenons, en modifiant un peu la Première étape, que nous sommes complètement et absolument impuissants envers notre conjoint-e et nous admettons qu'essayer de le changer a rendu notre vie incontrôlable.

Admettre son impuissance envers d'autres personnes s'appelle «lâcher prise» dans le Programme. Il est absolument essentiel que nous apprenions à relâcher notre emprise sur les autres, pour pouvoir commencer à travailler sur nous-mêmes. Si nous critiquons continuellement, jugeons, évaluons ou nous plaignons au sujet du comportement de notre conjoint-e ou de quelqu'un d'autre; ou même si nous nous plaignons continuellement envers la vie en général, et sur le fait que cela a été difficile pour nous, nous ne pouvons possiblement pas voir la vraie cause de notre problème — NOUS.

Nous continuons à nous cacher le vrai problème, et ainsi nous ne pouvons rien régler. Lorsque finalement nous lâchons prise, nous sommes alors libres de commencer à travailler sur le vrai problème — nous-mêmes, là où nos efforts peuvent commencer à faire du bien, avec l'aide du Programme.

Comme nous avançons, nous reconnaissons bientôt que sans l'aide d'une Force Supérieure nous sommes impuissants à nous changer, et que plusieurs d'entre nous devons lâcher prise. Nous en venons aussi à croire qu'une Force plus grande que nous-mêmes peut et nous rendra la raison si nous coopérons. Nous devenons lentement conscients des champs de comportement irraisonnables dans notre vie, envers nous-mêmes, notre conjoint-e et les autres. Nous admettons que nous aurons besoin de l'aide de Dieu pour retrouver la raison, puisque nous n'avons pas été capables de le faire par nous-mêmes.

À la Troisième étape, nous complétons notre lâcher-prise en confiant notre conjoint-e, comme nous l'avons fait nous-mêmes, aux soins de Dieu, comme nous Le concevons. Nous en venons à croire que ce n'est pas notre travail de contrôler ou de changer ou de mener la vie de notre conjoint-e, mais celui de Dieu. Nous ne pouvons même pas désirer que notre conjoint-e soit différent-e de toute façon, parce que de tels souhaits nous empêchent d'essayer d'accepter notre conjoint-e exactement comme il ou elle est; et c'est la seule chose que nous pouvons faire si nous désirons croître spirituellement. Nous reconnaissons que Dieu peut faire un meilleur travail pour aider notre conjoint-e à changer que nous ne le pouvons, et prenons la décision de lui donner une chance. Plus tard, nous réalisons que nous aurons les mains pleines juste en essayant de connaître Sa volonté à notre égard et d'obtenir la force de l'exécuter. Ensuite, nous cherchons courageusement et, avec l'aide de notre Force Supérieure, nous incluons dans notre inventaire tous les secteurs où nous savons que nous n'avons pas lâché prise. Peut-être que nous avons hurlé, nous sommes tordus, ou avons menacé ou crié ou nous sommes plaints ou avons fait de grandes scènes pour «aller de notre propre façon». Ou peut-être avons-nous harcelé ou épié notre conjoint-e à la dérobée, de façon hostile : «As-tu remarqué à quel point tu as toujours besoin d'être le centre d'intérêt lors de "party", chéri-e ?»

Nous pensons que nous avons besoin de faire ressortir de tels faits chez notre conjoint-e; autrement il ne le saura jamais. Après tout, nous sommes justifiés, nous essayons seulement d'aider. Mais nous n'essayons pas réellement. En fait, nous disons : «Je ressens que tu es toujours le centre d'intérêt, parce que je ne peux jamais placer un mot, et je me sens négligé-e et envieux-se. Je veux être le centre d'intérêt». Nous avons besoin d'arriver au point zéro dans nos propres sentiments d'abandon, de solitude, de ressentiment et d'envie. Nous les nommons tous. C'est ce qu'un inventaire moral de nous-mêmes, recherché et sans peur, signifie. Lorsque nous avons terminé d'écrire au sujet des choses évidentes, nous retournons en arrière une fois de plus et cherchons les plus subtiles. Si nous ne sommes pas certains d'avoir tort ou non, ou si nous nous sentons seulement partiellement dans le tort, nous l'écrivons à nouveau — les pour et les contre, le pire que nous soupçonnons à notre sujet aussi bien que les justifications et que les rationalisations.

Une fois sur papier, il est surprenant de voir comment la rationalisation ressortira et combien il sera plus facile de voir la vérité comparé à lorsque nous les avions tous mélangés ensemble dans notre tête.

Nous avons également besoin de jeter un regard honnête sur notre vie sexuelle. Encore là, il y a des secteurs évidents où nous avons dévié, comme avoir eu des aventures; peut-être même les avons-nous affichées à notre conjoint-e, les utilisant comme une arme dans l'air d'aller de la guerre. Mais nous avons besoin de trouver les secteurs les moins évidents où nous avons été dans l'erreur. Peut-être avons-nous été trop exigeants ou trop passifs dans nos relations sexuelles avec notre conjoint-e. Ou peut-être n'avons-nous pas considéré ses propres besoins; peut-être n'avons-nous pas été disponibles lorsque l'on avait besoin de nous, ou ne nous sommes-nous pas gardés aussi attrayants que nous l'avions déjà été. Nous pouvons être devenus obèses ou avons seulement laissé notre apparence se détériorer. Nous avons pu errer autour de la maison toute la fin de semaine avec une barbe de plusieurs jours et en portant nos vieux pantalons sales et un gilet en lambeaux tout troué. Peut-être n'avions-nous même pas pris de douche ou de bain assez souvent ou utilisé de déodorant lorsque c'était approprié. Possiblement avons-nous été refoulés dans notre vie sexuelle, alors peureux d'essayer de nouvelles variations, de nouvelles *sauces et épices* comme elles sont appelées dans «La joie du sexe», que nous nous en sommes détournés tous les deux, nous et notre partenaire avec ennui et monotonie. Nous écrivons tous ces événements et admettons notre part d'erreur — notre contribution à la mauvaise situation. Nous l'acceptons et nous nous acceptons nous-mêmes comme nous sommes — sans cachette, sans excuse, sans justification ou rationalisation — seulement l'évidente honnête vérité. Ayant fait cela, nous sommes disposés à admettre toutes ces choses à Dieu — même s'Il les connaît déjà — et à un autre être humain.

Quelques-uns parmi nous peuvent être tentés, dans un nouvel aveu d'honnêteté, de se précipiter vers son conjoint-e et de tout confesser. Enfin, cela semble être une action valable dans le temps; nous pouvons même combiner la Cinquième et la Neuvième étape, et faire amende honorable au même moment. Dans plusieurs cas, un tel raccourci peut être possible, mais si nous décidons de l'essayer, nous devons faire preuve d'une extrême prudence. Plusieurs d'entre nous qui l'ont essayé ou l'ont vu essayer, ne le recommanderaient pas. Pour être prêts à une telle action, nous devons avoir éliminé toute trace d'hostilité ou de colère que nous pouvons avoir eue envers notre conjoint-e. S'il y a quelque hostilité laissée derrière nous, nous commencerons sûrement une argumentation plutôt que de faire amende honorable, et nous en arriverons probablement à dire ou à «confesser» quelque chose qui blessera notre conjoint-e. L'hostilité cachée ou réprimée a tout ce qu'il faut pour nous faire agir ainsi.

La meilleure façon que nous connaissons pour nous assurer que nous avons éliminé toute trace d'hostilité et de ressentiment est de prendre les Cinquième, Sixième et

Septième étapes dans l'ordre, et d'accorder à chacune le temps voulu avant de procéder avec la Huitième et la Neuvième. Cela signifie, dans la plupart des cas, que nous devons discuter de notre inventaire, non pas avec notre conjoint-e, mais avec une troisième partie tel que décrit à la Cinquième étape.

Alors nous devons devenir «tout à fait disposés à ce que Dieu élimine nos défauts de caractère», ce qui inclut les causes de notre incompréhension sexuelle qui pourrait bien être reliée à l'hostilité, au ressentiment et à la colère exprimées lors de la bataille déguisée et de la bataille couverte que nous avions engagées avec notre conjoint-e. Si nous avons vraiment été honnêtes avec nous-mêmes, avec Dieu, et avec notre troisième partie amie; si nous sommes devenus suffisamment humbles pour admettre entièrement notre part du problème sans aucune attente que notre conjoint-e admettra de son côté une responsabilité partielle; si nous avons sincèrement désiré améliorer notre relation avec notre conjoint-e; et si nous sommes disposés à faire tout ce que nous pouvons pour arriver à une telle amélioration; alors nous sommes prêts à «demander humblement à Dieu d'éliminer nos défauts», et Il le fera. Il peut déjà avoir commencé au cours des étapes Quatre à Six, sans avoir été formellement invité à le faire, puisque nous Lui demandions inconsciemment tout pendant ces étapes. Cela signifie que nous avons pleinement accepté notre conduite, bonne ou mauvaise, vraie ou fausse, et que nous nous sommes complètement pardonnés sans aucune réserve inconsciente. Si nous avons encore quelque réserve inconsciente, nous pouvons demander consciemment tout ce que nous voulons. Cela n'aidera pas.

Si nous n'avons absolument aucune réserve inconsciente, souvent nous n'avons pas à demander consciemment, mais nous le faisons habituellement de toute façon, pour nous assurer que nous avons éliminé toutes nos barrières conscientes.

Alors, et seulement alors, sommes-nous disposés à faire les amendes honorables de la Neuvième étape avec notre conjoint-e. Si nous les faisons dans un état de complète grâce et d'humilité, avec amour, compassion et pardon, libres de tous vestiges hostiles et ressentiments, nous nous sentirons plus prêts de notre conjoint-e que nous ne l'avons jamais été auparavant — même durant notre lune de miel.

Peut-être que pour la première fois de notre vie, nous commencerons à avoir une petite idée de ce qu'est le véritable amour conjugal. Nous commencerons à voir comment les principes du Programme peuvent être appliqués à la famille. Pour appliquer la libération avec toute notre famille, nous avons besoin maintenant de passer à travers les étapes simultanément avec nos enfants, nos parents et toute autre relation proche avec laquelle nous pouvons avoir besoin de le faire.

Tout est bien et tout est beau; le Programme est efficace dans la famille si nous l'appliquons et apprenons à vivre avec. Mais qu'en est-il au travail ? Pouvons-nous réellement admettre que nous sommes impuissants dans ce secteur de notre vie ? Après tout, notre emploi est la façon dont nous gagnons notre vie — notre pain et notre beurre.

Si nous sommes impuissants ici, nous pouvons aussi bien nous laisser mourir — ou au moins nous laisser aller sur l'aide sociale. Mais ceux d'entre nous qui ont essayé d'appliquer ces principes dans leur travail peuvent témoigner d'un inqualifiable OUI que le Programme marche si nous sommes disposés à faire confiance à notre Force Supérieure.

Ceux d'entre nous qui travaillent à l'intérieur d'une hiérarchie bien structurée peuvent commencer par le point le plus facile — libérer nos supérieurs. Nous les remettons à notre Force Supérieure. Comme nous appliquons notre Programme, ou apprenons plus à notre sujet à travers un honnête inventaire, et comme nous acceptons ce que nous avons appris, nous devenons plus aptes à accepter nos supérieurs comme ils sont — même ceux qui nous crient après et aboient des ordres, qui nous menacent et nous pointent du doigt. Nous réalisons que ces gens, comme nous, ont leurs propres problèmes. Ils mènent leurs propres batailles intérieures, et ils doivent souvent extérioriser ces guerres vers ceux qui se trouve près d'eux. Comme nous, avant que nous ne commencions notre développement spirituel et émotionnel, ils projettent les sentiments qu'ils ont à leur sujet sur les autres, pour éviter de se regarder, et d'accepter des comportements qu'ils considèrent inacceptables.

Lorsque nous lâchons prise par rapport à tous ces gens — lorsque nous réalisons que ce qu'ils disent ne s'adresse pas directement à nous — lorsque nous sommes capables de scruter objectivement leus accusations, de prendre ce qui peut être vrai et de laisser de côté le reste — lorsque nous nous concentrons à identifier, à accepter et à demander à notre Force Supérieure d'éliminer nos propres défauts — lorsque nous sommes disposés à faire des amendes honorables sur notre propre comportement négatif — lorsque nous faisons vraiment du mieux que nous pouvons sans ressentiment et devenons disposés à accepter, peu importe le résultat, ce que Dieu décide pour nous plutôt que d'espérer ce que nous voulons ou pensons que nous méritons — alors nous trouverons que nos relations avec nos supérieurs et les autres personnes qui nous entourent au travail s'améliorent grandement; que notre sérénité et notre calme, même lors de situations difficiles, demeurent relativement stables; et que nous sommes capables de faire notre travail avec une plus grande efficacité et une plus grande compétence.

Si nos propres attentes étaient irréalistes, nous pouvons ne pas faire autant de travail que nous l'avions cru, mais nous faisons autant que nous pouvons tant que nous conservons notre sérénité; et ce sera mieux fait. D'un autre côté, plusieurs d'entre nous trouvons qu'avec l'aide de notre Force Supérieure pour s'occuper de toutes les décisions importantes, et avec plusieurs de nos conflits internes résolus ou éliminés, nos pensées sont plus claires, notre concentration meilleure, et nous pouvons faire beaucoup plus de travail que nous ne le pouvions dans le passé.

«D'accord, alors ces principes peuvent être appliqués avec succès à nos supérieurs au travail !» Mais qu'arrive-t-il à ceux d'entre nous qui sommes gestionnaires ou qui menons notre propre entreprise ? N'est-ce pas notre responsabilité de dire à nos employés quoi faire et comment le faire, et de voir à ce que ça soit fait, et «bien fait» ? Comment pouvons-nous faire cela si nous admettons que nous sommes impuissants en regard de toutes ces personnes et de leur travail ? Après tout, nous sommes payés pour diriger, non pas pour admettre que notre vie au travail est incontrôlable. Il paraît alors se tisser un sérieux conflit, mais plusieurs d'entre nous avons trouvé que ce n'est pas le cas.

Nous en sommes venus à réaliser que la plupart de nos idées actuelles de gestion ont évolué à partir des principes de direction de l'armée romaine. Nous apprenons maintenant que ces principes de base d'autocratie, de chaîne de commande, et d'autorité inconstestable d'un être humain sur un autre, peut et souvent a pu et doit conduire à de la tyranie et conséquemment à de l'oppression et à de la corruption. S'il y a un conflit, ce n'est pas entre notre impuissance et la gestion des affaires; c'est entre l'autocratie de la gestion comme nous l'avons pratiquée et la démocratie de gouverner que nous chérissons si tendrement. Nous avons cru gratifiant de mener ou gérer une entreprise efficacement en exerçant notre autorité sur les autres, parce que le système commercial dans lequel nous vivons semble encourager les gens à travailler pour leurs propres fins égoïstes, les placer au-dessus de n'importe qui d'autre, et les inciter à s'approprier tout ce qu'ils peuvent par la force de leur musculature ou de leur intelligence aux dépens des autres peut-être moins doués.

Lorsque nous en arrivons à un réveil spirituel en vivant ce Programme, nous avons dit que nos valeurs changent. Nous ne plaçons plus le gain matériel ou le statut ou le pouvoir sur les autres au-dessus de tout. Nous ne participons plus au jeu corporatiste de monter au-dessus de la masse en complotant, manipulant, manoeuvrant ou en intervenant dans les affaires des autres. Nous n'avons plus besoin de passer pour quelqu'un que nous ne sommes pas parce que nous en venons à nous accepter nous-mêmes tels que nous sommes. Puisque nous avons de moins en moins besoin de nous cacher de nous-mêmes, nous n'avons pas besoin d'un gros égo pour camoufler les parties que nous jugeons inacceptables. De pair avec notre égo, notre fausse fierté est amoindrie. Nous pouvons maintenant faire le plus humble travail, lorsque nécessaire, sans sentir qu'il est indigne de nous ou que nous valons mieux. Nous n'avons plus besoin de gérer en dominant les autres de peur qu'ils nous dominent si nous ne l'utilisons pas. Même si nous sommes gestionnaires, nous pouvons maintenant nous accepter comme étant égal à n'importe qui d'autre, avec plus de capacités que certains dans quelques secteurs et moins dans d'autres. Si quelqu'un essaie de nous dominer, nous n'avons pas à répondre en nous sentant ou en agissant comme un dominé, ou avec peur ou colère. Nous savons maintenant que nous avons l'option de nous retirer avec dignité et de rester loin de telles personnes autant que nous le pouvons jusqu'au moment où nous apprenons à les voir et à nous voir plus objectivement.

Nous regardons notre travail de gestionnaire comme une opportunité de servir plutôt que comme un signe extérieur de richesse et un moyen de gagner plus d'argent. Nous n'avons besoin ni d'argent ni de statut pour nous sentir importants parce que nous avons commencé à nous apprécier nous-mêmes de l'intérieur. Nous savons que aux yeux de Dieu, et maintenant à nos propres yeux, chaque être humain est important. En gros, nous n'avons plus besoin de gérer selon des principes autocratiques et nous sommes maintenant capables de gérer en toute démocratie, principe basé sur la reconnaissance de la dignité individuelle et la valeur inhérente à chaque individu. Au lieu d'attendre que nos subordonnés s'adaptent à leur lieu de travail, nous cherchons des façons d'améliorer leur lieu de travail. Nous réalisons que les travailleurs et les gestionnaires sont des êtres humains uniques, chacun s'efforçant de devenir une entité intégrée, physique, intellectuelle, émotionnelle, spirituelle. Plutôt que de maximiser les profits en peu de temps, nous tendons à maximiser les résultats spirituels, émotionnels, intellectuels et matériels entre tous ceux qui sont impliqués, actionnaires, clients, gérants, employés et la communauté en général.

Nous reconnaissons que la seule façon saine de vivre est d'accorder une plus grande valeur à notre développement spirituel plutôt qu'à l'acquisition matérielle. Nous savons maintenant que de renverser ces valeurs comme nous l'avons fait dans le passé conduit à la folie et à la mort. De plus, nous évaluons la valeur de chaque individu. Reconnaissant qu'il y a plus d'une personne appropriée pour un travail donné, nous faisons la rotation de la gestion périodiquement, donnant ainsi à chaque individu l'opportunité d'essayer différents postes, et ainsi de trouver celui ou ceux avec lesquels chaque personne performe le mieux. La rotation périodique des gestionnaires prévient ainsi l'application du principe bien connu à l'effet qu'un individu est promu en permanence à son niveau d'incompétence. Le statut devient presqu'inexistant puisque chaque gestionnaire est dans une position donnée pour seulement une courte période de temps. Ainsi le statut est remplacé par le service; les gestionnaires ne «gouvernent» pas, ils servent, de la même façon que chacun le fait dans toute autre position.

Balivernes ! dites-vous; aucune entreprise ne peut opérer sur une telle base. Ça va casser. Vrai ! Si c'est tenté avec des gens sous-développés émotionnellement et spirituellement, de telles politiques seraient vouées à la cassure dans la plupart des cas. Mais les changements dont nous parlons peuvent être tentés graduellement et opérés dans la paix avec le développement spirituel des individus. Comme les gestionnaires dans le monde des affaires développent eux-mêmes leur spiritualité, ils commenceront à voir comment les principes de ces étapes s'appliquent à toutes leurs affaires. Ils commenceront à ouvrir la voie plutôt que de traîner derrière et empêcher le mouvement de se diriger vers un plus grand développement et une plus grande liberté. Ceux d'entre eux qui sont en affaires et qui appliquent ces principes peuvent témoigner avec enthousiasme que notre environnement de travail s'est amélioré considérablement au terme de ces étapes. Lorsque nos attitudes changent, les attitudes de ceux qui nous entourent semblent changer aussi, et le lieu de travail devient un lieu plus plaisant pour tous ceux qui sont concernés. À notre connaissance, aucune entreprise ne s'est écroulée à la suite de l'application de ces principes. Bien au contraire, nombre d'entreprises ont poussé comme des champignons et sont florissantes.

Alors nous avons découvert que le Programme fonctionne dans tous les secteurs de notre vie. Tout ce que nous avons à faire c'est d'être disposés à l'essayer. Nous savons que, comme notre foi en notre Force Supérieure croît, nous devenons plus disposés à avoir confiance et à laisser de plus en plus de décisions et les résultats de ces décisions à cette Force. Notre confiance continue à croître lorsque nous voyons les résultats après avoir recherché l'aide de notre Force Supérieure dans plus de secteurs de notre vie; et comme notre confiance croît, nous, en retour, nous devenons plus disposés à Lui en confier encore plus. Pour plusieurs d'entre nous, le développement spirituel est exactement cette sorte de procédé graduel, regénérateur, éternel. Nous sommes lentement orientés vers Dieu, et alors, pour la première fois, nous apprenons la vraie signification de l'amour, de la croissance, de la sérénité, de la «Paix sur la terre et de la vo-lonté de Dieu envers tous».

Sommaire

inalement, nous espérons que nous vous avons transmis l'idée que le Programme que nous avons décrit est unique. Il est une pensée spirituelle non religieuse, il est une pensée émotionnelle, pas une thérapie de groupe; il est une pensée individuelle pratiquée avec et à travers l'aide des autres; il est entièrement volontaire, et la seule exigence est d'être disposé à l'essayer; il coûte peu ou rien financièrement ou autant que nous pouvons payer; il est basé sur l'amour, l'attention et la compréhension. Il remplit notre vide spirituel; il rétablit notre raison; il nous montre comment vivre avec joie et nous aide à apprendre à aimer.

Ce qui est le plus important, c'est qu'il n'est pas qu'un programme de foi, mais de foi combinée avec de l'action. Croire en une Force Supérieure est nécessaire mais pas suffisant; enseigner ce que nous croyons est utile mais pas suffisant. Si nous désirons atteindre ce que ce Programme a à offrir — sérénité, paix de l'esprit, amour et croissance spirituelle — nous pouvons débuter en lisant, en croyant et en enseignant, mais nous devons éventuellement en arriver à pratiquer, appliquer, utiliser et vivre ces principes.

La plupart d'entre nous trouvons que nous devons remplacer toutes nos vieilles idées et façons de vivre qui tendent à être limitatives, négatives et franchement destructrices par des pensées positives basées sur les principes constructifs du Programme. Nous devons remplacer la confiance en soi par la confiance en notre Force Supérieure, notre ego gonflé par l'humilité, la rationalisation et la justification par l'honnêteté et la vérité. Comme nous commençons à faire cela, la foi remplace l'absence de valeurs; l'action remplace l'indécision; la prière et la méditation remplacent le désoeuvrement, ces pensées dépressives qui ont l'habitude de traverser notre cerveau comme les boucles d'une cassette sans fin. Nous apprenons aussi à nous concentrer, à nous améliorer et à lâcher prise sur les autres. Les vieux clichés «Garde ta propre maison en ordre» ou «Docteur, soigne-toi toi-même» viennent à avoir une nouvelle signification. Comme nous nous concentrons sur notre propre croissance spirituelle, nous cessons de juger, de critiquer, de nous condamner et de condamner les autres. Nous essayons de nous souvenir que nous ne sommes pas engagés dans une cause avec qui que ce soit ou quoi que ce soit — pas même nous ou le temps.

Nous ne comparons pas notre croissance à celle des autres parce que nous devons le faire, car de cette façon nous comparerions nos sentiments et nos émotions avec leur apparence extérieure et leur expression — une pauvre comparaison tout au mieux. La chose importante est que nous progressons un jour à la fois — non pas que nous apprenons rapidement «le cours matériel». Notre progrès n'a rien à voir avec notre intelligence ou nos capacités intellectuelles. Il est relié de plus près aux résistances et aux défenses émotionnelles et spirituelles que nous avons bâties — conscientes et inconscientes — comme résultat de notre réaction à nos environnements passés émotionnels et spirituels et à nos capacités héréditaires.

Nous savons que plus nous apprenons à avoir confiance en notre Force Supérieure, plus nous ferons de progrès spirituel, mais nous ne pouvons rien précipiter. Il semble que plus nous le précipitons et poussons, moins nous avançons. Le progrès spirituel n'est pas une façon de déterminer la volonté; c'est une façon de lâcher prise, laisser être, accepter ce qui est, et laisser notre Force Supérieure prendre nos décisions — rechercher Son aide sur une base constante, avancée.

Nous ne pouvons pas apprendre à vivre ce programme en une nuit pas plus que nous n'avons appris nos façons de vivre passées en une nuit. Pour la plupart d'entre nous, c'est un long, lent processus, mais nous savons que si nous continuons à essayer, à participer à des groupes de soutien, à accepter la responsabilité de notre propre croissance, à aider les nouveaux, les résultats seront à jamais plus grands. Nous apprenons à vivre confortablement, sereinement et joyeusement ici et maintenant, un jour à la fois — ou une minute à la fois si nous avons à le faire. À chaque stade de développement, nous nous émerveillons;

incrédules, nous demandons : «Est-ce que ça peut être réellement mieux que ceci ?» Et assurément, ça peut l'être !

Annexe

* La prière universelle

Réalité éternelle, tu es partout.
Tu es l'Amour, la Vérité, l'Unité infinis;
Tu pénètres toutes les âmes,
Jusqu'aux confins de l'univers et au-delà.

Pour certains, Tu es un père, un ami ou un partenaire.
Pour d'autres, Tu es la Puissance suprême, le Moi supérieur
ou le Moi intérieur.
Pour un grand nombre, Tu es cela et plus encore.
Tu es en nous et nous sommes en Toi.

Nous savons que Tu nous pardonnes nos offenses,
Si nous pardonnons aux autres et à nous-mêmes.
Nous savons que Tu nous protèges contre les tentations destructrices
Si nous continuons à chercher Ton aide et Tes conseils.
Nous savons que Tu nous donnes le gîte et le couvert aujourd'hui,
Si nous mettons notre confiance en Toi

Et si nous faisons de notre mieux.
Aujourd'hui fais-nous connaître Ta volonté
Et donne-nous le pouvoir de L'accomplir.
Car Ton amour et Ta puissance sont infinis, éternels.

† Amen

* Cette prière spirituelle mais dénuée de connotation religieuse est récitée à la fin des réunions de l'association par ceux qui n'embrassent pas la foi chrétienne et ceux qui n'adhèrent pas à un enseignement religieux particulier, et qui préfèrent ne pas réciter de prière appartenant aux confessions catholique et protestante.

Prière d'ouverture

Notre Père, nous nous adressons à Toi comme à un ami.
Nous savons que là où deux ou trois personnes sont assemblées en Ton nom Tu te trouves.
Nous croyons que Tu es ici, maintenant, avec nous.
Nous croyons que telle est Ta volonté.
Et que nous avons Ta bénédiction.
Nous nous engageons envers Toi à toujours nous montrer honnêtes, à chercher dans nos coeurs nos faiblesses et nos fautes,
pour lesquelles nous avons besoin de Toi.
Nous croyons que Tu souhaites que nous soyons tes partenaires dans l'aventure de la vie, en acceptant nos responsabilités et en sachant que nous aurons la liberté, l'épanouissement et le bonheur en récompense.
De cela, nous Te sommes reconnaissants.
Nous Te demandons de nous guider en tout temps.
Aide-nous chaque jour à venir vers Toi et
accorde-nous de nouveaux moyens de te témoigner de notre gratitude.

† Amen.

Prière de saint François d'Assise

Seigneur, fais de moi un instrument de la paix. Là où est la haine, que je mette l'amour. Là où est l'offense, que je mette le pardon. Là où est la discorde, que je mette l'union. Là où est l'erreur, que je mette la vérité. Là où est le doute, que je mette la foi. Là où est le désespoir, que je mette l'espérance. Là où sont les ténèbres, que je mette la lumière. Là où est la tristesse, que je mette la joie.

O Seigneur, que je ne cherche pas tant à être consolé qu'à consoler, à être compris qu'à comprendre, à être aimé qu'à aimer.

Car c'est en se donnant que l'on reçoit, c'est en oubliant que l'on se retrouve soi-même, c'est en pardonnant que l'on obtient le pardon. C'est en mourant que l'on ressuscite à la vie.

† Amen.

Les 12 traditions adaptées pour les groupes et associations de développement spirituel*

1. Notre bien-être commun doit nous importer plus que tout; le progrès personnel du plus grand nombre repose sur l'unité de notre groupe et de notre association**.

2. Il n'existe qu'une seule autorité suprême, un Dieu aimant tel qu'Il peut S'exprimer dans notre conscience collective. Nos chefs sont des serviteurs en qui nous avons confiance; ils ne gouvernent pas.

3. Deux individus ou plus qui veulent s'épanouir sur les plans émotionnel et spirituel peuvent, lorsqu'ils sont assemblés dans le but de parfaire leur croissance personnelle, adopter le nom d'association. La seule exigence relative à l'adhésion à cette association est le désir de mieux se porter.

4. Chaque groupement doit être autonome, sauf lorsqu'une question concerne d'autres groupes ou l'association dans son ensemble.

5. Chaque groupe a un objectif premier, qui consiste à porter son message à l'individu qui souffre.

6. Un groupe appartenant à l'association doit être autosuffisant et refuser toute contribution extérieure.

7. Chaque groupe appartenant à l'association doit être autosuffisant et refuser toute contribution extérieure.

8. Notre association ne doit jamais devenir profession-nelle, mais nos centres de service peuvent employer des travailleurs spécialisés.

9. Notre association ne doit jamais devenir une organisa-tion; toutefois, nous pouvons instituer des conseils ou des comités de service qui soient directement respon-sables vis-à-vis ceux qu'ils desservent.

10. Notre association ne se fait aucune opinion sur les questions extérieures; ainsi jamais notre nom ne sera mêlé à une controverse.

11. Notre politique de relations publiques est axée sur l'at-trait plutôt que sur la promotion; nous devons conser-ver en tout temps l'anonymat vis-à-vis de la presse, la radio, la télévision et l'industrie cinématographique.

12. L'anonymat est le fondement spirituel de toutes nos traditions, qui nous rappellent constamment que les principes doivent l'emporter sur les personnalités.

* Il s'agit des 12 traditions des Alcooliques Anonymes qui ont été adaptées afin d'être applicables à plus de gens.

** Chaque fois que paraît le mot «association», vous pouvez lui substituer le nom d'un groupement particulier.

L'enfance est cette période privilégiée de la vie qui coule aisément, sans que soit compté le temps, pendant laquelle les désappointements sont peu nombreux. En est-il vraiment ainsi ? Pour nombre de ceux qui grandirent dans une famille dysfonctionnelle, l'enfance est plutôt la période pendant laquelle ils se rendirent compte que l'existence n'est pas cette merveilleuse aventure qu'elle pourrait être. Les messages négatifs véhiculés par les parents forment les attitudes qui influeront sur eux pendant le reste de leurs vies. Les enseignements négatifs reçus pendant l'enfance se manifestent souvent au cours de la vie adulte par des actes entraînant l'insuccès.

Cet ouvrage présente une méthode visant à renouer avec l'Enfant intérieur afin de mieux vivre pleinement. *L'Enfant intérieur, un jour à la fois* est destiné aux adultes désireux de guérir les blessures émotionnelles issues de l'enfance afin de passer d'un cycle empreint de douleur à celui menant à la guérison affective.

376 pages
ISBN 921556-07-3

Être bien dans sa peau et s'aimer soi-même.

Le plus beau cadeau que l'on puisse s'offrir : L'ESTIME DE SOI.

L'estime de soi est un choix, non pas un droit acquis à la naissance.

L'estime de soi, la valeur que je confère à ma personnalité et à mon moi véritable, est à la base de l'identité et de la personne que je suis. Nous comprenons tous l'importance de l'estime de soi, mais peu de gens sont en mesure de bien cerner la nature, les composantes et les facteurs spécifiques qui influent sur l'estime personnelle. Nous savons instinctivement qu'il faut tendre à développer une bonne estime de soi, chercher à se faire respecter et apprécier des autres, mais comment faire pour qu'une mauvaise estime de soi devienne favorable ? Comment arrive-t-on à clairement identifier une mauvaise estime de soi et comment peut-on initier des changements positifs à cet égard ? *Apprendre à s'aimer* est un manuel de référence pour tous ceux qui désirent améliorer leur estime de soi, leurs relations affectives et professionnelles, ainsi que leur capacité d'expression. *Apprendre à s'aimer* nous aide à identifier clairement quels sont les ennemis de l'estime de soi.

176 pages
ISBN 921556-05-7

Comblez
votre
appétit
véritable !

Un «best seller» destiné
à tous ceux qui vivent
des problèmes
d'alimentation compulsive

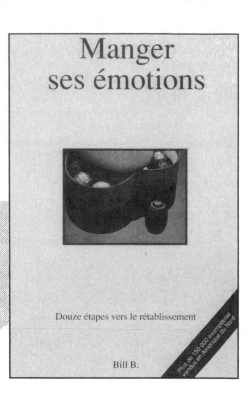

Manger
ses émotions

Douze étapes vers le rétablissement

Plus de 50 000 exemplaires vendus en Amérique du Nord

Bill B.

Douze étapes vers le rétablissement

Dans ce livre, l'auteur nous apprend que l'embonpoint et les troubles reliés à l'alimentation sont les signes extérieurs d'un malaise profondément ancré. Afin de rompre le cercle vicieux de la compensation, de la honte et de l'impuissance qui résultent de la suralimentation et d'une piètre estime de soi, il faut entamer un processus de transformation émotionnelle et spirituelle qui conduit, en dernier lieu, à une vision nouvelle de soi-même et des autres.

Il est donné à tous de retrouver un poids idéal, mais maintenir ce poids par la suite nécessite un travail émotionnel et spirituel. Il faut avant tout mincir dans sa tête et dans son coeur.

Cet ouvrage s'adresse en particulier à ceux et celles qui, après avoir fait de durs efforts pour maigrir, ont regagné chaque fois le poids perdu en un rien de temps.

332 pages
ISBN 2-921556-04-9

JOHN BRADSHAW
LA FAMILLE
Une méthode révolutionnaire pour se découvrir

Version intégrale de
«Bradshaw on : THE FAMILY»

Plus de 1 000 000 d'exemplaires vendus en Amérique du Nord

Un outil de transformation formidable !

Plus de 1 000 000 d'exemplaires vendus en Amérique du Nord !

Une méthode révolutionnaire pour se découvrir

La Famille est un document de base pour tous ceux qui désirent mieux comprendre le développement de la personnalité, des comportements dysfonctionnels et de la co-dépendance. John Bradshaw a identifié les fondements de ces phénomènes dans la famille elle-même. Il décrit clairement comment les individus se développent au sein de l'unité familiale, et, comment le développement des attitudes, des rôles, des comportements et de la personnalité sont déterminés par l'influence de notre famille d'origine.

John Bradshaw nous propose une méthode révolutionnaire de transformation qui a fait ses preuves et a transformé la vie de plusieurs. *La Famille est l'ouvrage premier de John Bradshaw.* Ce livre résume le fondement et la direction de la pensée de l'auteur.

344 pages
ISBN 2-921556-00-6

*Lorsque
le sexe
devient
une drogue...*

*Retrouvez l'amour et
l'intimité perdus.*

Sexualité compulsive

La sexualité, fibre première de notre être, est cette force motrice qui nous pousse à la fusion avec l'autre, à rechercher l'intimité. Toutefois, lorsque la sexualité occupe une place trop importante dans nos pensées et dans nos vies, qu'elle devient une drogue, elle entre dans le domaine des compulsions. La sexualité compulsive, loin de favoriser l'intimité recherchée, mène au contraire à l'isolement, au secret et à la déception.

«S'affranchir du secret» fut rédigé dans le but de venir en aide aux personnes sexuellement compulsives. En plus de révéler les causes profondes qui contribuent à la compulsion et la co-dépendance sexuelles, l'auteur nous fait part d'une méthode de rétablissement qui a fait ses preuves et qui mène directement à un meilleur équilibre psychologique, émotionnel et sexuel. Si vous vous posez des questions concernant votre santé sexuelle ou celle de votre partenaire amoureux, vous devez lire ce livre. Il s'agit d'un outil indispensable pour les individus, les couples et les intervenants en santé publique.

204 pages
ISBN 2-921556-03-0